木馬人文 48

THE UNKNOWN KARL MARX

你不知道的馬克思

精選原典，理解資本主義，尋找改造社會的動力

萬毓澤 2018.2.9

萬毓澤——著

木馬文化

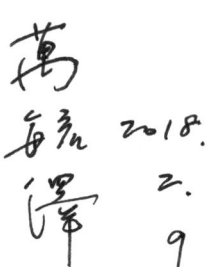

目次

59
第三章／宗教

宗教是受壓迫生靈的歎息，是無情世界的感情，正如它是沒有精神的制度的精神。宗教是人民的鴉片。

辯證法，引起資產階級及其誇誇其談的代言人的惱怒和恐怖，因為辯證法在對現存事物的肯定的理解中，同時包含對現存事物的否定的理解，即對現存事物的必然滅亡的理解。

人們的觀念、觀點和概念，一句話，人們的意識，隨著人們的生活條件、人們的社會關係、人們的社會存在的改變而改變。

在資本主義制度內部，一切提高社會勞動生產力的方法都是靠犧牲工人個人來實現的；一切發展生產的手段都轉變為統治和剝削生產者的手段，都使工人畸形發展，成為局部的人，把工人貶低為機器的附屬品。

155 第七章／國家與革命

當前與資產階級對立的一切階級中，只有無產階級是真正革命的階級。其餘的階級都隨著大工業的發展而日趨沒落和滅亡，無產階級卻是大工業本身的產物。

你不知道的馬克思

精選原典，理解資本主義，尋找改造社會的動力

序言／二百年了，你真的懂馬克思？

二〇一七年是馬克思的《資本論》第一卷出版一百五十週年，二〇一八年則是馬克思出生兩百週年。這兩年來，歐美陸續有幾部重量級的馬克思傳記及相關專書問世，我們也選在此刻出版這本書，紀念這位影響人類甚鉅的思想家、革命家。

台灣市面上已有許多與馬克思有關的書，但這本書的定位比較特別。它不是馬克思生平思想的入門書，不是輕薄短小的格言集，也不是長篇累牘的學術專論，而是試圖兼取各種體裁之長。本書選取的段落通常比「格言」長，也更富思想深度，每個主題還有一篇導言勾勒馬克思的主要思路；與學術專論相比，本書則刻意降低了導言的學術密度，也盡量減少字數及引用文獻，但並不因此犧牲基本的學術標準。

本書分為八大主題：人生、人與自然、宗教、辯證法、歷史、資本主義、國家與革命、社會主義與共產主義，大致涵蓋了馬克思主要的哲學、社會、經濟、政治思想。為了更易理解，我盡量減少挑選與特定事件、人物有關的段落，以免讓繁複的歷史細節掩蓋了馬克思的基本觀點。

既然是選文，就不能包山包海。馬克思的特別之處在於：要解釋他的思想，往往不能不一併澄清各式各樣的誤解或扭曲。因此，我的原則是盡量挑選能**「澄清誤解」**以及一般讀者**「不常留意」**的文字。

舉例來說，在「國家與革命」這章，我選了馬克思在《法蘭西內戰》中批評國家機器的段落，以區隔馬克思本人的想法和後來的各種「大國家」、「大政府」的思維。在「宗教」這章，我節錄了馬克思在《政治經濟學批判大綱》（一八五七—五八年經濟學手稿）和《資本論》第一卷討論「新教倫理」的幾個段落，不讓韋伯（Max Weber）專美於前。在「社會主義與共產主義」這章，我則特別摘錄、翻譯了莫斯特（Johann Most）的《資本與勞動》第二版（一八七六年）由馬克思親自改寫的一段文字，這是連歐美的讀者平常也不容易接觸到的段落。這段文字表現了馬克思對人民「自我管理」（*Selbstverwaltung*）的重視，足以挑戰一般人對馬克思的刻板印象。

以下扼要說明各章（除了「人生」這章以外）想要回答的主要問題：

人生：馬克思的人生觀是什麼？如何看待友情、愛情與治學？

人與自然：馬克思對「人性」的看法是什麼？有亙古不變的人性嗎？馬克思的思想是否缺乏「自然」或「生態」的面向？

宗教：馬克思的名言「宗教是人民的鴉片」代表他徹底否定宗教嗎？

辯證法：馬克思如何運用辯證法來研究資本主義？辯證法是「怎麼說怎麼通」的「變戲法」嗎？

歷史：馬克思的唯物史觀否定「人」的作用嗎？是不是一種單線的歷史演化論？

資本主義：馬克思如何批判資本主義？馬克思主張「資本主義必然崩潰」或提出了「絕對貧困化」的理論嗎？

國家與革命：馬克思反對民主、擁抱專制嗎？馬克思的思想是不是等於「大政府」？

社會主義與共產主義：馬克思所設想的社會主義或共產主義，主張取消個人自由，由黨和國家包辦一切嗎？

由於本書篇幅有限，還有一些重要的主題，如文學與藝術、性別與家庭、民族（主義）問題、言論與出版自由等，都未能收錄在這本小書之中。未來如果有機會再版，我會再考慮修訂擴充。本書試圖呈現的馬克思，可以用椎柏（Hal Draper）這段話來表達：「馬克思是第一位『**透過爭取擴大由下而上的民主控制**』而接受社會主義理念的社會主義者……。在這個意義上，他率先將爭取徹底的政治民主的鬥爭和爭取社會主義的鬥爭結合在一起」。[1]馬克思所設想並為之奮鬥的，是一個「共和的、帶來繁榮的、『**自由平等的生產者聯合**』的制度」，[2]而不是「所有動物一律平等，但有些動物比其他動物更加平等」的動物農莊。

本書選文主要來自北京人民出版社的《馬克思恩格斯全集》（包括自一九

五六年至一九八五年出版的第一版[3]，以及自一九九五年起陸續出版的第二版[4]）及《馬克思恩格斯文集》（二〇〇九年出版[5]）。現有的馬恩著作中譯本，是中共中央編譯局數十年來不斷精進修改而成，譯文大致平實可信。因此，在每一章的「導論」中，我引用的都是原譯文。但「選文」的部分，我則根據原文（多為德文，少部分為其他語言）做了少部分的潤飾及修訂，並視需要說明修改的理由。

最後是我的建議。如果要完整瞭解馬克思的思想，本書固然提供了不少線索，但仍然必須搭配其他讀物，如《散步在華爾街的馬克思》（商周，二〇一二）、《馬克思》（麥田，二〇〇〇）、《嗨，馬克思！再見啦，資本主義！》（暖暖書屋，二〇一四）等，都值得與本書交互參照。但除了這些二手研究外，我還是希望讀者可以回到馬克思本人的著作，直接體會他的文采與思想魅力。

注釋

1 Draper, Hal. 1977. *Karl Marx's Theory of Revolution*. Vol. I. New York: Monthly Review Press: 59，重點為筆者所加。

2 Marx, Karl，1974，〈臨時中央委員會就若干問題給代表的指示〉，收於《馬克思恩格斯全集》，第一版，第十六卷，中共中央馬克思恩格斯列寧斯大林著作編譯局譯，北京：人民出版社，頁213-23: 219。

3 Marx, Karl and Friedrich Engels，1956-1985，《馬克思恩格斯全集》，第一版，中共中央馬克思恩格斯列寧斯大林著作編譯局譯，北京：人民出版社。

4 Marx, Karl and Friedrich Engels，1995-，《馬克思恩格斯全集》，第二版，中共中央馬克思恩格斯列寧斯大林著作編譯局譯，北京：人民出版社。

5 Marx, Karl and Friedrich Engels，2009，《馬克思恩格斯文集》，中共中央馬克思恩格斯列寧斯大林著作編譯局譯，北京：人民出版社。

第一章／人生

馬克思一八一八年五月五日生於德國特里爾（Trier）。父親是律師，出身猶太教牧師家族，欽羨啟蒙運動，熟悉盧梭和伏爾泰等啟蒙思想家的著作。馬克思本人也可視為歐洲啟蒙傳統下的產物。身為十九世紀最偉大的思想家之一，他的座右銘是「懷疑一切」（*de omnibus dubitandum*）。他畢生相信理性的力量，認為人有能力認識與改造世界，並透過集體行動改變自己的命運：「在真正的共同體的條件下，各個人在自己的聯合（*Assoziation*）中並通過這種聯合獲得自己的自由」。[1] 由於市面上已有不少馬克思傳記，[2] 因此這篇導論不會概述他的生平，而是希望強調閱讀馬克思時應該注意的幾個層面。

首先，我們從他的治學與思想軌跡，可以看出他對自己有文藝復興式「全人」（*homo universalis*）的期許。知名作家董橋早期有篇文章〈「馬克思先生不在樓上！」〉，[3] 對馬克思定居倫敦後的生活有相當生動的描寫：

馬克思每天泡在圖書館裡，經濟學、物理學、法律學、數學、化學、文學，甚至外國語文法書他都研究。他的讀書摘錄密密麻麻寫滿五十本筆記簿，有三萬頁那麼厚；他收集和運用的材料重量成噸，恩格斯看了嚇壞了。圖書管理員有一次對馬克思說：英國的教授通常只能攻讀一種專業，你怎麼同時可以研究五十種科目？馬克思回答說：「親愛的朋友，所以也有很多教授戴著遮眼罩啊。要認識世界、改造世界，就不要只在一塊草原上賞花啊！」

讀者不妨翻閱馬克思晚年的《古代社會史筆記》、《歷史學筆記》，領略馬克思涉獵之廣、治學之精。他最後十年，甚至還在農業史、技術史、地質學、礦物學、農業經濟學、微分學等各領域留下了大量的筆記與摘錄。

《萊茵報》的創辦人赫斯（Moses Hess）在一八四一年九月的信件中，對剛取得博士學位的馬克思有這樣的評價：「他具有最深刻的哲學頭腦，又具有罕見的智慧；設想一下，如果把盧梭、伏爾泰、霍爾巴赫、萊辛、海涅和黑格爾結合為一人，我說的是結合，不是湊合，那麼結果就是一個馬克思博士。」[4] 一八七九年一月五日，美國《芝加哥論壇報》[5] 則刊出了該報通訊員在倫敦採訪馬克思的側記。其中這段文字也十分傳神地勾畫出馬克思的淵博：

你只要一出現在他的書房，馬克思就戴上他的那只單眼鏡，好像要衡量一下你的知識的廣度和深度一樣，無拘無束地同你攀談起來，把他關於全世界人物事物的廣博知識展現在你面前，引人入勝。他的談話不是圍繞一個題目，而是多種多樣的，就像他的書架上擺著的書籍一樣。人們通常可以根據一個人讀的書來評價這個人；所以如果我告訴你，我甚至粗略地一瞥就發現了莎士比亞、狄更斯、薩克雷、莫里哀、拉辛、蒙田、培根、歌德、伏爾泰、倍恩，英國的、美國的、法

> 國的藍皮書，俄文、德文、西班牙文和義大利文的政治和哲學著作等等，你就會做出自己的判斷了。

正是這樣「全人」式的馬克思，為我們留下了無數寶貴的思想遺產。如今，在一切人文社會科學，從社會學、經濟學、政治學、人類學、哲學、文化研究到文學等各領域，都看得到馬克思迴盪不去的幽靈。

其次，馬克思或許是「全人」，但絕非「完人」。比如說，部分馬克思的傳記作者相信他和女僕德穆特（Helen Demuth）有一名私生子。[6]然而，他充滿了對人類的熱愛，擁抱人類所有的優缺點。因此，他說自己最喜愛的格言是「人所具有的我都具有」（*nihil humani a me alienum puto*）。柏克曼（Oliver Burkeman）[7]參考了斯珀伯（Jonathan Sperber）的馬克思傳記，描述了馬克思非常「不完美」的一面：

> 馬克思是在極度混亂的狀況下工作的。除了財務問題引發的長期焦

慮、四處流亡及生命中的悲劇之外，還有他極容易導致壓力的工作習慣：夜繼以日地瘋狂閱讀及寫作，直到筋疲力盡；儘管全家人的生活都依賴他的工作，卻完全無法在截稿日期前完成。……著迷於研究的完整性，但手邊計畫還沒完成時，卻又忍不住一頭栽進新的計畫；不注重個人衛生。……讓馬克思的工作充滿能量的，顯然是雜亂和焦慮；正因為馬克思的心境不夠沉穩，才讓他的作品既富創見又多產。

馬克思是有血有肉的人。他急躁易怒，不修邊幅；是嚴謹治學的學者，是不斷自我批判的思想家，是不完美的丈夫、父親，也是終身不渝的革命運動者。正因為馬克思同時有這些優缺點，才讓我們閱讀他的作品、理解他的思想時更有親近感。任何人若試圖將他「封聖」，借用馬克思的話，「這樣做，會給他過多的榮譽，同時也會給他過多的侮辱」。同樣地，若以馬克思之名偷渡對國家、對黨、甚至對秩序的崇拜，恐怕要「使墳墓中的馬克思翻過身來」了。[8]

最後，一如恩格斯在馬克思墓前的悼詞所言，「馬克思首先是一個革命家」。馬克思很年輕時就寫下這句名言：「哲學家們只是用不同的方式解釋世界，問題在於改變世界」。他一生都為了「改變世界」而奉獻。也因此，我們不能將馬克思視為單純的學者或思想家，因為他的政治實踐深刻形塑了他的世界觀，包括參與共產主義者同盟（一八四七—一八五二）、投入一八四八年的革命運動、建立第一國際（國際工人協會，一八六四—一八七六）、關注與支援巴黎公社（一八七一）、參與德國社會主義工人黨和法國工人黨的創建等。閱讀馬克思（和恩格斯）的作品時，最好能搭配兩人的傳記，特別是強調兩人政治實踐的傳記。

馬克思十七歲那年寫的〈青年在選擇職業時的考慮〉，反映了他堅持一生的人生觀。文中說：

> 如果我們選擇了最能為人類而工作的職業，那麼，重擔就不能把我們壓倒，因為這是為大家付出的犧牲；那時我們享受的就不是可憐的、

有限的、自私的樂趣，我們的幸福將屬於千百萬人，我們的事業將悄然無聲地存在下去，但是它會永遠發揮作用，而面對我們的骨灰，高尚的人們將灑下熱淚。

本章的選文還選了其他類似的段落，相信能讓讀者對馬克思其人其文有更深的體會。

愛因斯坦曾這樣描寫甘地：「後代子孫很難相信，世界上曾經走過這樣一位血肉之軀。」同樣的讚語，馬克思也受之無愧。

注釋

1 Marx, Karl and Friedrich Engels，2009，《德意志意識形態》（節選），收於《馬克思恩格斯文集》，第一卷，中共中央馬克思恩格斯列寧斯大林著作編譯局譯，北京：人民出版社，頁507-591: 571。

2 中譯本如McLellan, David，2012，《馬克思》，王珍譯，台北：五南；Sperber, Jonathan，2014，《卡爾・馬克思：一個十九世紀的人》，鄧峰譯，北京：中信出版社。英文版晚近的作品如Stedman Jones, Gareth. 2016. *Karl Marx: Greatness and Illusion*. London: Allen Lane.

3 董橋，2002，《董橋精選集》，台北：九歌，頁298-9。

4 McLellan, 2012: 67，中譯略有修改。

5 Marx, Karl，1974，〈卡・馬克思同《芝加哥論壇報》通訊員談話記〉，收於《馬克思恩格斯全集》，第一版，第四十五卷，中共中央馬克思恩格斯列寧斯大林著作編譯局譯，北京：人民出版社，頁707-718: 707-8。

6 McLellan, 2012: 297-8.

7 Burkeman, Oliver，2013，〈學會像馬克思一樣工作〉，《衛報》（*The Guardian*），國立中山大學社會學研究所「社會科學翻譯研究」課程集體翻譯：https://www.theguardian.com/lifeandstyle/2013/apr/20/change-your-life-karl-marx

8 McLellan, 2012: 67.

人生觀

在選擇職業時，我們應該遵守的主要指標是人類的幸福和我們自身的完美。不應認為這兩種利益會彼此敵對、互相衝突，一種利益必定消滅另一種利益；恰恰相反，人的本性是這樣的：人只有為同時代人的完美、為他們的幸福而工作，自己才能達到完美。

——〈青年在選擇職業時的考慮〉

如果一個人只為自己勞動，他或許能夠成為著名的學者、偉大的哲人、卓越的詩人，但永遠不能成為完美的、真正偉大的人物。

——同上

如果我們選擇了最能為人類而工作的職業，那麼，重擔就不能把我們壓倒，因為這是為大家付出的犧牲；那時我們享受的就不是可憐的、有限的、自私的樂趣，我們的幸福將屬於千百萬人，我們的事業將悄然無聲地存在下去，但是它會永遠發揮作用，而面對我們的骨灰，高尚的人們將灑下熱淚。

——同上

如果你想得到藝術的享受，你就必須是有藝術修養的人。如果你想感化別人，你就必須是實際上能鼓舞和推動別人前進的人。你和人及自然界的一切關係，都必須是你現實的個人生活的、與你的意志的對象相符合的特定表現。

——《一八四四年經濟學哲學手稿》

哲學家只是用不同的方式**解釋**世界，問題在於**改變**世界。

——〈關於費爾巴哈的提綱〉

如果我有哪一點對不起你，那我隨時準備承認自己的錯誤。「人所具有的我都具有。」

——〈馬克思致斐迪南．弗萊里格拉特〉（一八六〇年二月二十三日）

由於厭惡一切個人迷信，在國際（編按：第一國際）存在的時候，我從來都不同意公佈那許許多多來自各國的、使我厭煩的歌功頌德的東西；我甚至從來也不予答覆，偶爾答覆，也只是加以斥責。恩格斯和我最初參加共產主義者秘密團體時的必要條件是：摒棄章程中一切助長迷信權威的東西。

——〈馬克思致威廉．布洛斯〉（一八七七年十一月十日）

愛情

如果你在戀愛，但沒有引起對方的反應，也就是說，如果你的愛作為愛沒有引起對方的愛，如果你身為戀愛者，通過你的生命表現，沒有使你成為被愛的人，那麼你的愛就是無力的，就是不幸。

——《一八四四年經濟學哲學手稿》

友誼

我已放棄移居科倫的計畫，因為我感到那裡的生活太喧鬧；眾多好友，並不導致哲學的完美。

——〈馬克思致阿爾諾德．盧格〉（一八四二年四月二十七日）

這樣，這一卷（編按：《資本論》第一卷）就完成了。其所以能夠如此，我只有感謝你！沒有你為我做的犧牲，我是絕不可能完成這三卷書的巨大工作的。我滿懷感激的心情擁抱你！

——〈馬克思致恩格斯〉（一八六七年八月十六日）

治學

哲學研究的首要基礎是勇敢的自由精神。

——〈關於伊壁鳩魯哲學的筆記〉

就像一個剛學會外國語的人總是要在心裡把外國語言譯成本國語言一樣；只有當他能夠不必在心裡把外國語言翻成本國語言，當他能夠忘掉本國語言來運用新語言的時候，他才算領會了新語言的精神，才算是運用自如。

——《路易·波拿巴的霧月十八日》

我還有這樣一個特點：要是隔一個月重看自己所寫的一些東西，就會感到不滿意，於是又得全部改寫。

——〈馬克思致斐迪南·拉薩爾〉（一八六二年四月二十八日）

你知道，首先，我對一切事物的理解是遲緩的，其次，我總是踏著你的腳印走。所以最近我可能要認真研究解剖學和生理學，此外，還將去聽講學（那裡展示實物並進行解剖）。

——〈馬克思致恩格斯〉（一八六四年七月四日）

我親愛的孩子，你也許會認為，我太喜歡書了，以致在這樣不適當的時刻為了書的事還來打擾你。但是你大錯特錯了。我只不過是一架機器，注定要吞食這些書籍，然後以改變了的形式把它們拋進歷史的垃圾箱。

——〈馬克思致勞拉．拉法格〉（一八六八年四月十一日）

在科學上沒有平坦的大道，只有不畏勞苦沿著陡峭山路攀登的人，才有希望達到光輝的頂點。

——《資本論》第一卷法文版序言

第二章／人與自然

某些版本的馬克思主義，往往過於強調社會結構、經濟規律等「不以人的意志為轉移」的客觀因素，而忽視或貶低「人」的因素。但實際上，馬克思從青年到晚年的著作都對「人」表現出根本的關懷，也在前人的基礎上提出了一套「哲學人類學」（philosophical anthropology），不僅探討人「是」什麼，也指出人「應該」如何。

過去不少研究者都主張（成熟的）馬克思不認為有「超歷史」的人性，但我的看法比較接近奧爾曼（Bertell Ollman）、曼德爾（Ernest Mandel）、傑若斯（Norman Geras）等人。首先，「青年」與「成熟」的馬克思在哲學人類學的層次上並沒有發生根本的斷裂。比如說，「異化」這個概念就貫串了馬克思前後期的著作，儘管內涵不見得完全一致，但並不是如某些論者所言，在一八四五年以後就逐漸消失。

其次，我們必須細緻區分馬克思的**兩種人性觀**，一種是相對恆定的、超歷史的，另一種則是隨歷史的發展而發生變化。用馬克思自己的話來說：

> 假如我們想知道什麼東西對狗有用，我們就必須探究狗的本性。這種本性本身是不能從「效用原則」中虛構出來的。如果我們想把這個原則運用到人身上來，想根據效用原則來評價人的一切行為、運動和關係等等，就首先要研究人的**一般本性**（*die menschliche Natur im allgemeinen*），然後要研究在每個時代**發生歷史變化的人的本性**。[1]

傑若斯的經典著作曾沿著這種思路，將**「人性」**（human nature）和**「人的性質」**（nature of man）區分開來。[2]「人性」就是馬克思所謂的「人的一般本性」，是「一種持續的實體，一套（相對）永恆的人類特徵」；而「人的性質」則是馬克思所謂的「在每個時代發生歷史變化的人的本性」，是「人類在某個特定脈絡下的整體特性」。採用這種思考方式，就可以既肯定人性中某些歷久不變的成分（比如說「人是社會性的動物」），同時又批判「人性自私自利」這種非歷史、忽視特定社會關係的人性觀。

馬克思在《一八四四年經濟學哲學手稿》中反覆使用「類本質」（「類存在物」）（*Gattungswesen*）、「類力量」（*Gattungskräfte*）、「本質力量」（*Wesenkraft*）等詞彙，表示他相信人具有某些相對穩定的「本質」，而非像黏土一樣，完全受外力（不論是自然力或社會力）形塑。正是這些「本質」構成了「人的一般本性」，使人有別於其他物種。[3]這是一種批判性的自然主義（critical naturalism）：人既是自然的延續，又不同於自然。人的「自由的有意識的活動」使人一方面「作用於他身外的自然並改變自然」，一方面又改造人自身，即「改變他自身的自然」。[4]

而人如何改造自然與自身？在馬克思的哲學人類學中，還有「（自我）活動」、「生產」、「勞動」、「工作」、「創造力」等相關概念。

首先，對馬克思來說，「活動」就是「人用自己的身體和頭腦與自然相互影響」，是「人的力量在現實世界中的實際運動」，也是「使這些力量在自然界中對象化的活生生的過程」。[5]在《一八四四年經濟學哲學手稿》中，馬克思多次將**「活動」**（*Tätigkeit*）（或生命活動〔*Lebenstätigkeit*〕）及**「勞動」**（*Arbeit*）、**「生產」**（*Produktion*）（或生產生活〔*produktives Leben*〕、「生產活動」〔*produzierende Tätigkeit*〕）並舉。因此，他一方面說「全部人的活動迄今為止都是勞動，也就是工業」，「工業的歷史……是一本打開了的關於人的本質力量的書」；[6]一方面說人的「生產生活」就是人的「類生活」，而人的「類特性」就是「自由的有意識的活動」，能夠「使自己的生命活動本身變成自己意志的和自己意識的對象」。[7]簡言之，在早期的文字中，馬克思大致將活動、勞動、生產活動相提並論、交互使用，將之視為人的本質力量的展現。

在《一八四四年經濟學哲學手稿》之後，馬克思的討論重心逐漸從「活動」轉向「生產」和「勞動」，並據此建立他的歷史唯物論。《德意志意識形態》是這麼說的：

> 我們首先應當確定一切人類生存的第一個前提，也就是一切歷史的第一個前提，這個前提是：人們為了能夠「創造歷史」，必須能夠生活。但是為了生活，首先就需要吃喝住穿以及其他一些東西。因此第一個歷史活動就是生產滿足這些需要的資料，即生產物質生活本身。[8]

至於馬克思如何根據「生產」發展其歷史唯物論，我們留到第五章導論再深究。這邊，我們先繼續討論「生產」和「勞動」這兩個概念在馬克思哲學人類學中的位置。

馬克思確實經常從**滿足物質需要**的角度討論「生產」，如這段著名的文字：「可以根據意識、宗教或隨便別的什麼來區別人和動物。一當人開始生產自己的生活資料，即邁出由他們的肉體組織所決定的這一步的時候，人本身就開始把自己和動物區別開來。人們生產自己的生活資料，同時間接地生產著自己的物質生活本身。」[9]

然而，我同意伊格頓（Terry Eagleton）的看法，馬克思不只是在狹義的經濟意義上理解「生產」這個概念。「生產」是「一個內容豐富的概念，相當於『自我實現』」，可以是「品嚐一顆桃子」、「聆聽一場弦樂四重奏」或「建築水壩或製造衣架」。[10]因此，馬克思說，「生產」就是「人的能動的類生活」，就連「宗教、家庭、國家、法、道德、科學、藝術等等，都不過是生產的一些特殊的方式」；更重要的是，「動物只是在直接的肉體需要的支配下生產，而人甚至不受肉體需要的影響也進行生產，並且**只有不受這種需要的影響才進行真正的生產**。」[11]

至於勞動，馬克思的《資本論》第一卷這麼說：「勞動過程……是製造使用價值的有目的的活動，是為了人類的需要而對自然物的佔有，是人和自然之間的物質變換的一般條件，是人類生活的永恆的自然條件，因此……它為人類生活的一切社會形式所共有」。[12]在這個意義上，**勞動是人的「需要」**。換言之，即使擺脫了資本主義下的**異化勞動**，人依然有「從事一份正常的勞動和停止安逸的需要。」[13]

對馬克思而言，符合人類本質的、**不受異化**的勞動是「自由的生命表現（*freie Lebensäußerung*），從而是生命的享受」；在勞動中，「我的個體生命，乃至我個體性的屬性得到了肯定」，勞動從而是「真正的、能動的財產」（*wahres, tätiges Eigentum*）。相對地，資本主義下的勞動卻是「生命的外化（*Lebensentäußrung*），因為我是為了生活、為了給自己取得生活物資而勞動。我的勞動並不是生命。」[14]

從馬克思的哲學人類學出發，他所設想的社會主義或共產主義，就是一個能夠實現「人性」的社會。在這樣的社會中，人能夠充分發揮自己多面向的潛能（本質力量），能夠滿足自己（不斷變化增長）的需要。[15]

關於人的潛能實現與否，馬克思有一些重要的概念可供討論。在他早期的作品中，我認為特別重要的是《一八四四年經濟學哲學手稿》總共使用五次的**「自主活動」**（*Selbsttätigkeit*）一詞。馬克思說，「異化勞動把自主活動、自由活動貶低為手段」，據此，「工人的活動……不是他的自主活動」，因為

「他的活動屬於別人，這種活動是他自身的喪失。」[16]

馬克思和恩格斯在《德意志意識形態》中，則多次使用「*Selbstbetätigung*」這個略有不同的詞彙，中文一般也譯為「自主活動」。舉例來說，他們認為，在克服了狹隘的分工之後，人類將實現「各個人向完全的個人的發展」以及「勞動向自主活動的轉化」。[17]如佩佛（Rodney Peffer）所指出，「自主活動」具有雙重的意涵：一方面是「自由」（**自我決定**）的活動，一方面是「創造性」（**自我實現**）的活動。[18]我認為從「自主活動」的角度來詮釋馬克思如何思考人的本質與解放，是很好的切入點，也能銜接上他對「自我管理」（*Selbstverwaltung*）等問題的討論（見第八章）。

最後，馬克思的人觀與自然觀是密不可分的，其中最值得討論的部分就是其生態意涵。雖然馬克思（和恩格斯）過去經常被當成「唯發展論」者，但十餘年來，已有許多研究闡釋馬克思（及恩格斯）著作中的生態思想，甚至將其理論化。[19]本章也從《資本論》第一、三卷挑選了幾個有代表性的段落，讓讀者初步認識馬克思的生態關懷。

注釋

1 Marx, Karl，2004，《資本論》，第一卷，中共中央馬克思恩格斯列寧斯大林著作編譯局譯，北京：人民出版社：704頁，中譯略有修改。

2 Geras, Norman. 1983. *Marx and Human Nature: Refutation of a Legend*. London: Verso Editions and NLB: 24.

3 可進一步參考Ollman, Bertell. 1976. *Alienation: Marx's Conception of Man in Capitalist Society*. Cambridge: Cambridge University Press: 74-6.

4 Marx, 2004: 208.

5 Ollman, 1976: 97.

6 Marx, 2014，《一八四四年經濟學哲學手稿》，中共中央馬克思恩格斯列寧斯大林著作編譯局譯，北京：人民出版社，頁86, 85。

7 Marx, 2014: 52-53。這個說法，馬克思在《資本論》第一卷有名言云：「最蹩腳的建築師從一開始就比最靈巧的蜜蜂高明的地方，是他在用蜂蠟建築蜂房以前，已經在自己的頭腦中把它建成了。」（Marx, 2004: 208）

8 Marx, Karl and Friedrich Engels，2009，《德意志意識形態》（節選），收於《馬克思恩格斯文集》，第一卷，中共中央馬克思恩格斯列寧斯大林著作編譯局譯，北京：人民出版社，頁507-591: 531。

9 Marx and Engels, 2009: 519.

10 Eagleton, Terry，2000，《馬克思》，李志成譯，台北：麥田出版：72頁。

11 Marx, 2014: 54, 78, 53.

12 Marx, 2004: 215.

13 Marx, Karl，1998，〈政治經濟學批判〈一八五七—五八年手稿前半部分〉〉，《馬克思恩格斯全集》，第二版，第三十卷，中共中央馬克思恩格斯列寧斯大林著作編譯局譯，北京：人民出版社：615頁。

14 Marx, Karl，2016，〈詹姆斯．穆勒《政治經濟學原理》一書的摘要〉，收於《一八四四年經濟學哲學手稿》，李中文譯，新北市：暖暖書屋文化，頁227-276: 270，中譯略有修改。

15 「需求本身也只是隨著生產力一起發展起來的」（Marx, 1998: 617）。或者，用《德意志意識形態》的說法：「已經得到滿足的第一個需要本身、滿足需要的活動和已經獲得的為滿足需要而用的工具又引起新的需要」（Marx and Engels, 2009: 531）。

16 Marx, 2014: 54, 50-51, 59.

17 Marx and Engels, 2009: 582.

18 Peffer, Rodney G. 1990. *Marxism, Morality, and Social Justice.* Princeton, N.J.: Princeton University Press: 58。另參考Wood, Allen W. 2004. *Karl Marx.* 2nd edition. New York: Routledge: 50-51。

19 Foster, John Bellamy and Paul Burkett. 2017. *Marx and the Earth: An Anti-Critique.* Boston: Brill；Saito, Kohei. 2017. *Karl Marx's Ecosocialism: Capital, Nature, and the Unfinished Critique of Political Economy.* New York: Monthly Review Press。台灣的研究見如黃瑞祺、黃之棟，2005，《綠色馬克思主義》，台北：松慧文化；黃瑞祺、黃之棟，2013，《綠色馬克思主義的形塑軌跡》，台北：碩亞。

人的本質

由於人的本質就是人真正的共同體（*wahres Gemeinwesen*），所以人藉由實現他們的本質而創造、生產了人的共同體，生產了社會本質（*gesellschaftliche Wesen*），而社會本質不是一種與單一個人對立的抽象而普遍的力量，而是每個個人的本質，是他自己的活動、自己的生活、自己的精神、自己的財富。

——〈詹姆斯．穆勒《政治經濟學原理》一書摘要〉

人的本質不是單個人所固有的抽象物，在其現實性上，它是一切社會關係的總和。

——〈關於費爾巴哈的提綱〉

人是最名副其實的社會動物（ζῷον πολιτικόν，編按：一般譯為「政治動物」），不僅是一種合群的動物，而且是只有在社會中才能獨立的動物。孤立的一個人在社會之外進行生產……就像許多個人不在一起生活和彼此交談但竟有語言發展一樣，是不可思議的。

——〈《政治經濟學批判》導言〉

假如我們想知道什麼東西對狗有用，我們就必須探究狗的本性。這種本性本身是不能從「效用原則」中虛構出來的。如果我們想把這個原則運用到人身上來，想根據效用原則來評價人的一切行為、運動和關係等等，就首先要研究人的**一般本性**（*die menschliche Natur im allgemeinen*），**然後要研究在每個時代發生歷史變化的人的本性**。

——《資本論》第一卷

人和其他動物的區別

動物不把自己和自己的生命活動區別開來。它就是**自己的生命活動**。人則使自己的生命活動本身變成自己的意志和意識的對象。他具有有意識的生命活動。……有意識的生命活動把人與動物的生命活動直接區別開來。

——《一八四四年經濟學哲學手稿》

可以根據意識、宗教或隨便別的什麼來區別人和動物。一當人開始**生產**自己的生活資料，也就是邁出由他們的肉體組織決定的這一步的時候，人本身就開始把自己和動物區別開來。

——《德意志意識形態》

最蹩腳的建築師從一開始就比最靈巧的蜜蜂高明的地方，是他在用蜂蠟建築蜂房以前，已經在自己的頭腦中把它建成了。勞動過程結束時得到的結果，在這個過程開始時就已經在勞動者的意念（*Vorstellung*）中存在著，即已經以觀念的方式存在著。

——《資本論》第一卷

人的力量

人與作為類存在物（*Gattungswesen*）的自身發生現實的、能動的關係，或者說，人作為現實的類存在物（即作為人的存在物）的實現，只有通過下述途徑才有可能：人確實表現出自己的全部類力量（*Gattungskräfte*）……

——《一八四四年經濟學哲學手稿》

人直接地是自然存在物。人作為自然存在物，而且作為有生命的自然存在物，一方面具有自然力（*natürliche Kräfte*）、生命力（*Lebenskräfte*），是能動的自然存在物；這些力量作為天賦（*Anlagen*）和才能（*Fähigkeiten*）、作為欲望（*Triebe*）存在於人身上；另一方面，人作為自然的、肉體的、感性的、對象性的存在物，同動植物一樣，是受動的、受制約的和受限制的存在物，就是說，他的欲望的對象是作為不依賴於他的對象而存在於他之外的；但是，這些對象是他的需要（*Bedürfnisse*）的對象；是表現和確證他的本質力量（*Wesenskräfte*）所不可缺少的、重要的對象。

——同上

勞動與異化

勞動這種生命活動、這種生產生活本身對人而言不過是滿足一種需要（即維持肉體生存的需要）的一種手段。而生產生活本來就是類生活。這是產生生命的生活。一個種的整體特性、種的類特性就在於生命活動的性質，而人的類特性恰恰就是**自由的、有意識的活動**。

——《一八四四年經濟學哲學手稿》

勞動的外化表現在什麼地方呢？首先，勞動對工人說來是外在的東西，也就是說，不屬於他的本質；因此，他在自己的勞動中不是肯定自己，而是否定自己，不是感到幸福，而是感到不幸，不是自由發揮自己的體力和智力，而是使自己的肉體受折磨、精神遭摧殘。因此，工人只有在勞動之外才感到自在……。勞動的異己性完全表現在：只要肉體的強制或其他強制一停止，人就會像逃避瘟疫一樣逃避勞動。

——同上

工人生產的財富越多，他的生產的影響和規模越大，他就越貧窮。工人創造的商品越多，他就越變成廉價的商品。物的世界的**增值**和人的世界的**貶值**成正比。

——同上

人和自己的勞動產品、自己的生命活動、自己的類本質相異化的直接結果就是**人與人相異化**。當人和自身對立，也就與**他人**對立。

——同上

時間是人類發展的空間。一個人如果沒有自己支配的自由時間，一生中除睡眠飲食等純生理上必需的間斷外，都是替資本家勞動，那麼，他就連一頭馱獸都不如。

——《工資、價格和利潤》

工人必然會變得貧窮，因為他的勞動的創造力作為資本的力量，作為他人的權力（*fremde Macht*；編按：也可譯為「異己的權力」）而與他相對立。他把勞動作為生產財富的力量轉讓出去（*entäußert sich*）；而資本把勞動作為這種力量據為己有。

——《政治經濟學批判大綱》（一八五七—五八年經濟學手稿）

論費爾巴哈

從前的一切唯物主義……的主要缺點，是只從客體的或直觀的形式去理解事物、現實、感性，而不是將其當作感性的人的活動（*die sinnlich menschliche Tätigkeit*），當作實踐（*Praxis*）去理解……

——〈關於費爾巴哈的提綱〉

關於環境和教育起改變作用的唯物主義學說忘記了：環境是由人來改變的，而教育者本人一定是受教育的。因此，這種學說必然把社會分成兩部分，其中一部分凌駕於社會之上。

——同上

人與自然

自然界，就它自身不是人的身體而言，是人的**無機的身體**。人靠自然界生活。這就是說，自然界是人為了不致死亡而必須與之處於持續不斷的交互作用過程的、人的**身體**。所謂人的肉體生活與精神生活和自然界聯繫，不外是說自然界同自身相聯繫，因為人是自然界的一部分。

——《一八四四年經濟學哲學手稿》

人自身作為一種自然力，與自然物質對立。為了在對自己的生活有用的形式上佔有自然物質，人使自身的自然力——手臂和腿、頭和手運動起來。當人透過這種運動，對外於自身的自然施加作用並改變自然時，也就同時改變他自己的自然／性質（*Natur*）。

資本主義生產……破壞著人和土地之間的物質變換，也就是使人以衣食形式消費掉的土地的組成部分不能回到大地，從而破壞土地持久肥力的永恆的自然條件。……資本主義農業的任何進步，都不僅是掠奪勞動者的技巧的進步，而且是掠奪土地的技巧的進步，在一定時期內提高土地肥力的任何進步，同時也是破壞土地肥力持久源泉的進步。……因此，資本主義生產發展了社會生產過程的技術和結合，只是由於它同時破壞了一切財富的源泉——土地和工人。

——同上

從一個比較高級的經濟的社會形態的角度來看，個別人對土地的私有權，和一個人對另一個人的私有權一樣，都是十分荒謬的。甚至整個社會，一個民族，乃至一切同時存在的社會加在一起，都不是土地的所有者。他們只是土地的佔有者，土地的受益者，而且他們應當作為好家長，把經過改良的土地傳給後代。

——《資本論》第三卷

第三章／宗教

即使不熟悉馬克思著作，也應該聽過這句名言：「宗教是人民的鴉片。」表面上，馬克思（主義）對宗教的猛烈批判，似乎是以「無神論」為唯一符合邏輯的結論。但實際上，馬克思對宗教的看法要複雜、細緻得多。

我們從「人民的鴉片」這句話說起。首先，這句話出自馬克思一八四四年二月發表的〈《黑格爾法哲學批判》導言〉（寫於一八四三年底），但其實這種說法不是馬克思的發明。在馬克思之前，德國哲學家、《萊茵報》創辦者之一赫斯在一八四三年的文章就這麼寫道：「宗教能使奴隸的不幸意識變得可以忍受，就像鴉片對疾病的苦痛也大有幫助」。[1] 馬克思這篇文章還深受青年黑格爾派的鮑威爾（Bruno Bauer）的影響。比如說，文章第二段的名言「一個人，如果曾在天國的幻想現實性（*phantastische Wirklichkeit*）中尋找超人，而找到的只是他自身的反映（*Widerschein*）……」[2]便呼應了鮑威爾對宗教的描寫：宗教是人「幻想的反映」（*phantastische Widerspiegelung*）。[3]總之，這種對宗教的批判，是當時德國哲學界常見的現象。對青年馬克思影響甚深的費爾巴哈（Ludwig Feuerbach），同一時期也有《基督教的本質》（*Das Wesen des Christentums*，1841）等批判基督教的名作。

接下來，讓我們完整引述「人民的鴉片」這段話：

> **宗教裡的**苦難既是現實的苦難的**表現**，又是對這種現實的苦難的**抗議**。宗教是被壓迫生靈的歎息，是無情世界的感情，正像它是沒有精神的制度的精神一樣。宗教是人民的**鴉片**。[4]

仔細讀過上下文，就會發現馬克思不是在**單純的譴責**的意義上使用「鴉片」這個隱喻。馬克思的意思是：宗教既「表現」出「被壓迫生靈」的苦難，又對苦難提出「抗議」。換言之，苦難是因，宗教是果。有了苦難，自然需要「鴉片」這種鎮痛劑來緩解痛苦。[5]因此，馬克思的批判**指向的是苦難**，而不是宗教本身。

馬克思針對宗教寫過的專論不多，且多出現在早期的著作，其餘則是零碎的段落。[6]比較系統的學術論述，可以在他和恩格斯合著的《德意志意識形態》中找到。在這部馬恩生前沒有出版的著作中，他們首度有系統地提出了「歷史唯物論」的基本觀點（見本書第五章），認為「不是意識決定生活，而是生活決定意識。」[7]在這種觀點下：

> 思想、觀念、意識的生產最初是直接與人們的物質活動，與人們的物質交往，與現實生活的語言交織在一起的。……表現在某一民族的政治、法律、道德、宗教、形而上學等的語言中的精神生產也是這樣。人們是自己的觀念、思想等等的生產者，但這裡所說的人們是現實的、從事活動的人們，他們受自己的生產力和與之相適應的交往的一

定發展……所制約。[8]

馬克思成熟時期的經濟學寫作中，還從另外三種角度探討了宗教。首先，他在《政治經濟學批判大綱》（一八五七—五八年經濟學手稿）中，討論了「新教倫理與資本主義精神」這個後來由德國社會學家韋伯（Max Weber）發揚光大的題目。馬克思這麼說：

> 我們看到，隨著金銀被看作財富的物質代表和財富的一般形式，金銀的積累怎樣得到了真正的刺激。貨幣崇拜產生了禁欲主義、節欲、自我犧牲——節儉和吝嗇，蔑視世俗的、一時的、短暫的享受，追求**永恒的**財寶。因此，英國的清教和荷蘭的新教都離不開搞錢。[9]

其次，馬克思進一步挖掘了**資本主義本身的宗教性**。人在日常生活中的行動，實際上表現出對商品的信仰：「他們沒有意識到這一點，但是他們這樣做了。」[10]馬克思用「商品拜物教」這個著名的概念來描述資本主義的宗教特徵：

這只是人們自己的一定的社會關係，但它在人們面前採取了物與物的關係的虛幻形式。……要找一個比喻，我們就得逃到宗教世界的幻境中去。在那裡，人腦的產物表現為賦有生命的、彼此發生關係並同人發生關係的獨立存在的東西。在商品世界裡，人手的產物也是這樣。我把這叫做拜物教。[11]

如此一來，「正像人在宗教中受他自己頭腦的產物的支配一樣，人在資本主義生產中受他自己雙手的產物的支配」。[12]

最後，馬克思有時還用各種神祇來比擬資本主義（的殘暴不義），如古迦太基和腓尼基宗教中的神明「摩洛赫」（Moloch）就是他慣用的隱喻。以《資本論》第一卷為例，馬克思為了批判「整個資本主義財產關係的對抗性質」，便引述了英國學者萊恩（Samuel Laing）的《國家的貧困》（*National Distress*，1844）的這段話：「任何情況都不像工人階級的居住條件這樣露骨這樣無恥地使人權成為產權的犧牲品。每個大城市都是使人成為犧牲品的一個場所，一個祭壇，每年要屠殺成千上萬的人來祭祀貪婪的摩洛赫。」[13] 同樣地，在一八六四年的〈國際工人協會成立宣言〉中，馬克思也慷慨陳詞：

> 資產階級通過自己頗有名氣的學者……不停地重複說：對於工時的任何立法限制都必然要為不列顛工業敲起喪鐘；不列顛工業像吸血鬼一樣，只有靠吮吸人血，其中也有兒童的血，才能生存。古時殺害兒童是崇拜摩洛赫的宗教的神秘儀式，但它只是在一些極隆重的場合下實行，大概一年不過一次；同時摩洛赫神並沒有表示專愛吃窮人的兒童。[14]

根據以上的討論，我們大致可以了解，馬克思對宗教的批判是和他對資本主義的批判結合在一起的。有的宗教（如新教）特別適應資本主義，甚至加速了它的發展；此外，資本主義的運作本身就帶有宗教色彩，將「一定的社會關係」下的人化約為孤立的消費者、「商品拜物教」的虔信者。不超越資本主義，就無法徹底批判宗教。從這個角度來看，馬克思本身絕不會主張由「國家」出面取消或禁止宗教。一來，馬克思一直是各種「國家拜物教」的死敵（見本書第七章）；二來，現實生活的苦難一刻不停息，宗教就將不斷成為「被壓迫生靈的歎息」。[15]

注釋

1 轉引自 Löwy, Michael. 1996. *The War of Gods: Religion and Politics in Latin America.* London: Verso: 5.

2 Marx, Karl，2009a，〈《黑格爾法哲學批判》導言〉，收於《馬克思恩格斯文集》，第一卷，中共中央馬克思恩格斯列寧斯大林著作編譯局譯，北京：人民出版社，頁 3-18: 3。

3 McLellan, David. 1969. *The Young Hegelians and Karl Marx.* Basingstoke: Macmillan: 78.

4 Marx, 2009a: 4.

5 如McKinnon所言，在馬克思的時代，人們對鴉片的看法是矛盾的：既是廉價藥品，又飽受醫學界和宗教界的批評。馬克思正是在這種矛盾的意義上使用「鴉片」這個隱喻。事實上，馬克思本人就有使用鴉片止痛的習慣。馬克思妻子燕妮在一八五七年四月寫給恩格斯的信就提到，馬克思「半個腦袋痛。牙痛得厲害，耳朵、腦袋、眼睛、喉嚨都痛，天知道還有什麼痛。不論鴉片或雜酚油都不管用……」（McKinnon, Andrew M. 2006. “Opium as Dialectics of Religion: Metaphor, Expression and Protest”, in Warren S. Goldstein (ed.) *Marx, Critical Theory and Religion: A Critique of Rational Choice*. Leiden: Brill, pp. 11-29，轉引自Boer, Roland. 2012. *Criticism of Earth: On Marx, Engels and Theology*. Leiden: Brill: 225）

6 恩格斯則不然。他的《德國農民戰爭》（1850）、《德國的革命與反革命》（1852）、《反杜林論》（1878）、〈布魯諾·鮑威爾和早期基督教〉（1882）、《路德維希·費爾巴哈和德國古典哲學的終結》（1886）、〈論早期基督教的歷史〉（1894）等專書或文章都有大量針對宗教的論述。在《德國農民戰爭》中，他還高度評價了德國宗教改革的激進派領袖閔采爾（Thomas Müntzer），並這樣形容閔采爾的神學觀：「天堂並不是什麼彼岸世界的事物，天堂必須在此生中尋找，信徒的使命就是要把天堂即天國在人世間建立起來」（Engels, Friedrich，2009，《德國農民戰爭》，收於《馬克思恩格斯文集》，第二卷，中共中央馬克思恩格斯列寧斯大林著作編譯局譯，北京：人民出版社，頁201-319）。德國馬克思主義哲學家布洛赫（Ernst Bloch）後來也寫過《身為革命神學家的閔采爾》（*Thomas Münzer als Theologe der Revolution*，1921）。

7 Marx, Karl and Friedrich Engels，2009，《德意志意識形態》（節選），收於《馬克思恩格斯文集》，第一卷，中共中央馬克思恩格斯列寧斯大林著作編譯局譯，北京：人民出版社，頁507-591: 525。

8 同上：頁524-5。

9 Marx, Karl，1995，〈政治經濟學批判〈一八五七—五八年手稿前半部分〉〉，收於《馬克思恩格斯全集》，第二版，第三十卷，中共中央馬克思恩格斯列寧斯大林著作編譯局譯，北京：人民出版社，頁59-623: 186。

10 Marx, Karl，2004，《資本論》，第一卷，中共中央馬克思恩格斯列寧斯大林著作編譯局譯，北京：人民出版社：頁91。

11 同上：頁90。

12 同上：頁717。

13 同上：頁758。

14 Marx, Karl，2009b，〈國際工人協會成立宣言〉，收於《馬克思恩格斯文集》，第三卷，中共中央馬克思恩格斯列寧斯大林著作編譯局譯，北京：人民出版社，頁3-15: 11-12。

15 恩格斯和列寧的態度也是如此。列寧在一九〇九年〈論工人政黨對宗教的態度〉中引述了恩格斯的看法，並加以發揮：「一八七四年，恩格斯談到當時僑居倫敦的公社布朗基派流亡者發表的著名宣言時，認為他們大聲疾呼向宗教宣戰是一種愚蠢的舉動，指出這樣宣戰是提高人們對宗教的興趣、妨礙宗教真正消亡的最好手段。恩格斯斥責布朗基派不瞭解只有工人群眾的階級鬥爭從各方面吸引了最廣大的無產階級群眾參加自覺的革命的社會實踐，才能真正把被壓迫的群眾從宗教的壓迫下解放出來……。一八七七年恩格斯在《反杜林論》一書中無情地斥責哲學家杜林對唯心主義和宗教所作的讓步，即使是些微的讓步，但也同樣嚴厲地斥責杜林提出的在社會主義社會中禁止宗教存在這一似乎是革命的主張。恩格斯說，這樣向宗教宣戰，就是『比俾斯麥本人還要俾斯麥』。」（Lenin, Vladimir，1988，〈論工人政黨對宗教的態度〉，收於《列寧全集》，第二十二卷，中共中央馬克思恩格斯列寧斯大林著作編譯局譯，北京：人民出版社，頁388-401: 389）

宗教與人

人創造了宗教，而不是宗教創造人。……宗教是人的本質**在幻想中的實現**，因為**人的本質**不具有真正的現實性。因此，反宗教的鬥爭間接地就是以反對以宗教為精神**撫慰**的**那個世界**的鬥爭。

——〈《黑格爾法哲學批判》導言〉

宗教裡的苦難既是現實的苦難的**表現**，又是對這種現實的苦難的**抗議**。宗教是受壓迫生靈的歎息，是無情世界的感情，正如它是沒有精神的制度的精神。宗教是人民的**鴉片**。

——同上

所謂徹底（*radikal*），就是抓住事物的根本。但人的根本就是人本身。德國理論的徹底性及其實踐能力的明證就是：德國理論是從堅決**徹底**廢除宗教出發的。對宗教的批判最後歸結為**「人是人的最高本質」**這樣的學說，從而也歸結為這樣的**絕對命令：必須推翻**使人受屈辱、奴役、遺棄和蔑視的**一切關係**。

——同上

無神論

共產主義是直接從無神論出發的……而無神論最初還根本不是共產主義；那種無神論主要還是一個抽象。因此，無神論的博愛最初還只是哲學的、抽象的博愛，而共產主義的博愛則直接是**現實的**和追求**實效的**。

——《一八四四年經濟學哲學手稿》

唯物史觀下的宗教

思想、觀念、意識的生產最初是直接與人們的物質活動，與人們的物質交往，與現實生活的語言交織在一起的。……表現在某一民族的政治、法律、道德、宗教、形而上學等的語言中的精神生產也是這樣。人們是自己的觀念、思想等等的生產者，但這裡所說的人們是現實的、從事活動的人們，他們受自己的生產力和與之相適應的交往的一定發展……所制約。

——《德意志意識形態》

資本（主義）的宗教隱喻

作為生息資本的資本，它的充分的物化、顛倒和瘋狂——不過，在生息資本上，資本主義生產的內在本性，它的瘋狂性，只是以最明顯的形式表現出來——就是生「複利」的資本，在這裡，資本好像一個摩洛赫，他要求整個世界成為獻給他的祭品，然而由於某種神秘的命運，他永遠滿足不了自己理所當然的、從他的本性產生的要求，總是到處碰壁。

——《政治經濟學批判（一八六一—六三年手稿）》

貨幣崇拜、商品拜物教與新教倫理

我們看到，隨著金銀被看作財富的物質代表和財富的一般形式，金銀的積累怎樣得到了真正的刺激。貨幣崇拜產生了禁欲主義，節欲，自我犧牲——節儉和吝嗇，蔑視世俗的、一時的、短暫的享受，追求**永恒的**財寶。因此，英國的清教和荷蘭的新教都離不開搞錢。

——《政治經濟學批判大綱》（一八五七—五八年經濟學手稿）

對貨幣來說，價值本身是相對的。沒有任何東西是不可讓渡的，因為一切東西都可以換取貨幣而讓渡。沒有任何東西是高尚的、神聖的等等，因為一切東西都可以通過貨幣而佔有。正如在上帝面前人人平等一樣……最妙的是，中世紀的羅馬教會本身就是貨幣的主要佈道者。

——同上

要把金作為貨幣，從而作為貯藏貨幣的要素保存起來，就必須阻止它流通，不讓它作為購買手段化為消費品。因此，貨幣貯藏者為了金偶像而犧牲自己的肉體享受。他虔誠地信奉禁欲的福音書。另一方面，他能夠從流通中以貨幣形式取出的，只是他以商品形式投入流通的。他生產的越多，能賣的也就越多。因此，勤勞、節儉、吝嗇就成了他的主要美德。多賣少買就是他的全部政治經濟學。

——《資本論》第一卷

在商品生產者的社會裡，一般的社會生產關係是這樣的：生產者把自己的產品當成商品，從而當成價值來對待，而且透過這種物的形式，把彼此的私人勞動當成等同的人類勞動來相互發生關係。對這種社會來說，崇拜抽象人的基督教，特別是資產階級發展階段的基督教，如新教、自然神教等，是最適當的宗教形式。

——同上

宗教的消失

只有當實際生活的關係，在人的面前表現為人與人、人與自然之間極為明白合理的關係的時候，現實世界的宗教反映才會消失。

——《資本論》第一卷

政教分離

當國家擺脫了**國教**，而在市民社會範圍內讓宗教自由行事時，國家就從宗教中解放出來了，同樣，當個人不再把宗教當做**公共**事務而當做自己的**私人事務**來對待時，他**在政治上**也就從宗教中解放出來了。

——《神聖家族，或對批判的批判所做的批判。駁布魯諾．鮑威爾及其夥伴》

信仰自由

「信仰自由」！如果現在，在進行文化鬥爭的時候，要想提醒自由主義者記住他們的舊口號，只有採用下面這樣的形式才行：每個人都應當有可能滿足自己的宗教需要，就像滿足自己的肉體需要一樣，不受警察干涉。……資產階級的「信仰自由」不過是容忍各種各樣的**宗教信仰自由**而已，而工人黨卻力求把信仰從宗教的妖術中解放出來。

——《哥達綱領批判》

第四章／辯證法

「辯證法」是馬克思探究世界的認識論與方法論。由於他主張的是唯物論（強調人的物質生產與社會生活，而非單純的觀念或精神因素），因此也有「唯物辯證法」之稱。辯證法是馬克思（透過費爾巴哈）從德國古典哲學大師黑格爾（G. W. F. Hegel）那裡繼承而來的。雖然馬克思說他的辯證法「從根本上來說，不僅和黑格爾的辯證方法不同，而且和它截然相反」，[1]但他未曾針對辯證法做過完整、系統的討論。因此，後人只能根據他的隻字片語（如本章選取的段落）和經驗研究（尤其是《資本論》第一卷），來辨識、重建**馬克思式的辯證法**的核心要素。

黑格爾的辯證法是「唯心」的，論述的是「絕對精神」從邏輯階段、自然階段到精神階段的自我開展。也因此，黑格爾的哲學體系包含了邏輯學、自然哲學和精神哲學。其中，《邏輯學》研究「純粹理念」，是由「存在論」、「本質論」和「概念論」構成的概念體系。重要的是，《邏輯學》將世界視為一個**不斷運動**、**變化**、**生成的整體**，其中有名言云：「同一與矛盾相比，不過是單純直接物、僵死之有的規定，而矛盾則是一切運動和生命力的根源；事物只因為自身具有矛盾，它才會運動，才具有動力和活動。」[2]因此，辯證法也有**「動的邏輯」**之稱。[3]

簡單來說，《邏輯學》的「存在論」是透過「質」（*Qualität*，quality）、「量」（*Quantität*，quantity）、「尺度」（*Maß*，measure）的推演，提出「質量互變」的規律。「質」使某物成為某物，而質本身含有「量」；一般來說，量變不會影響事物的「質」，但有一定的限度，也就是「尺度」。一旦超過限度，**量變就會導致質變**。就質、量、尺度的推演而言，馬克思《資本論》第一卷確實具有黑格爾的色彩。如圖一所示，《資本論》第一卷第一章對「商品」的考察，就是不斷由「質」開展到「量」。[4]比如說，討論商品的「兩個因素」時，是從使用價值（質）到價值（量）；討論商品的「勞動二重性」時，是從具體勞動（質）到抽象勞動（量）；而在「質」與「量」的內部，又再次進行由質到量的考察，比如說，討論使用價值時，先討論「有用物」（質），再討論「一打錶、一碼布、一噸鐵」（量）。讀者不妨自行對照閱讀。

此外，《資本論》第一卷也相當看重質量互變的問題。如馬克思說：「貨幣或商品的佔有者，只有當他在生產上預付的最低限額大大超過了中世紀的最高限額時，才真正變為資本家。在這裡，也像在自然科學上一樣，證明了黑格爾在他的《邏輯學》中發現的下列規律的正確性，即**單純的量的變化到一定點時就轉變為質的區別**。」[5] 換言之，對馬克思來說，「質量互變」是在自然世界及社會世界都適用的規律。

目前學界幾乎都同意馬克思《資本論》第一卷的寫作受到了黑格爾的影響，儘管使用的黑格爾式術語並不像他之前的手稿（尤其是一八五七—五八年手稿，即知名的《政治經濟學批判大綱》）那麼色彩鮮明。但究竟受黑格爾影

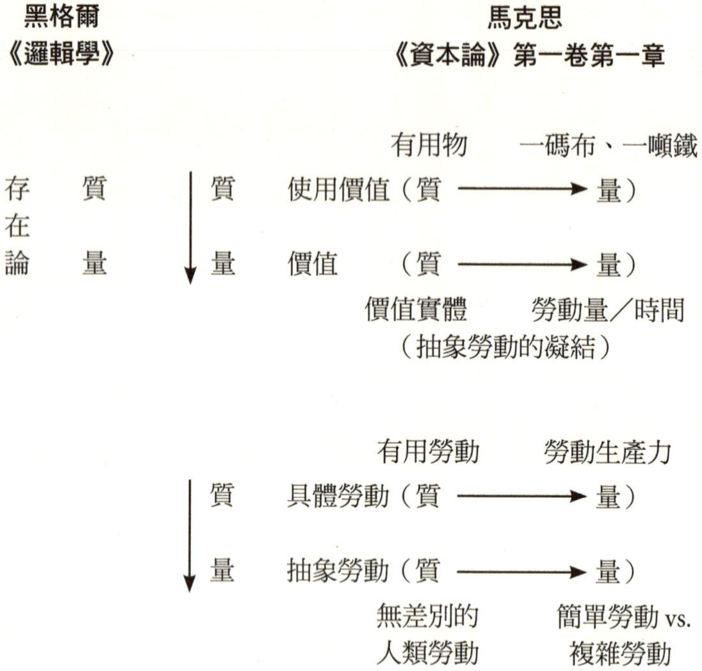

圖一：馬克思《資本論》第一卷與黑格爾《邏輯學》

資料來源：參考李建平（2006，《《資本論》第一卷：辯證法探索》，北京：社會科學文獻出版社：頁23-39。）

響的程度如何？只是如馬克思自己所言，「在關於價值理論的一章中賣弄起黑格爾特有的表達方法」？還是《資本論》的整個架構安排都可「對應」至黑格爾的哲學體系？目前仍無定論，不過可以大致區分出**兩種取向、五種立場**。

第一種取向，是認為馬克思雖然在部分文脈運用了黑格爾的語彙或論述策略，但**馬克思的辯證法與黑格爾有根本的差別**。在這種立場中，有人認為馬克思的辯證法遠優於主流的社會科學方法論，[6]有人認為馬克思的研究策略與當代優秀的社會科學沒有多大的歧異，[7]但也有人認為這種黑格爾色彩使馬克思的研究無法達到當代社會科學的標準。[8]

第二種取向，是認為馬克思（試圖）**完整繼承黑格爾的哲學體系**，並完全根據黑格爾的《邏輯學》來安排《資本論》第一卷的「敘述方法」。[9]在這種立場中，有人因此盛讚《資本論》第一卷全盤掌握了資本主義的「體系」特質（各種經濟範疇環環相扣，形成密不可分的動態體系），[10]但也有人認為《資本論》第一卷的缺點是黑格爾化的程度不夠，從而不夠「辯證」。[11]這種取向一般稱為「體系辯證法」（systematic dialectics），其中多數學者主張《資本論》第一卷和黑格爾的《邏輯學》具有「同形結構」（homology）（見表一）。

我自己的看法是：黑格爾的辯證法終究是唯心的，是從概念推演出概念：「在黑格爾的哲學中，之所以能夠從前一個概念推演出後一個概念，就是因為前一個概念（肯定）早已把後一個概念作為對立面（否定）包含在自身中，後一個概念的產生只不過是**前一個概念中潛在的矛盾的展開**而已」。[12]這種做法的侷限，用馬克思的話來說，就是「把思辨的闡述看成是現實的，而把現實的闡述看成是思辨的」，[13]「似乎探討的只是一些概念的規定和這些概念的辯證法」。[14]這與**重視經驗研究**的馬克思是格格不入的。馬克思既是經驗社會科學家，也是辯證法家，詮釋其作品時，最好不要偏廢一方。[15]

我認為，馬克思的辯證法既是他的研究方法，也是他的敘述方法。「體系辯證法」學派往往只聚焦在《資本論》第一卷的敘述方法，是很明顯的侷限。根據現有的研究，馬克思從一八五〇年代後期撰寫經濟學手稿（成果是一八五七—五八年的《大綱》和一八五九年出版的《政治經濟學批判》第一分冊），到一八六七年九月出版《資本論》第一卷為止，至少有兩次機會密集（重新）

黑格爾《邏輯學》	馬克思《資本論》第一卷
存在（*Sein*；Being）論 a. 質 b. 量 c. 尺度	**商品** a. 商品的可交換性 b. 商品的交換量 c. 商品的交換價值
本質（*Wesen*；Essence）論 a. 根據 b. 現象 c. 現實	**貨幣** a. 價值本身 b. 價值形式 c. 貨幣
概念（*Begriff*；Concept）論 a. 主觀性 b. 客觀性 c. 理念	**資本（總公式）** a. 價格表列 b. 貨幣與商品的轉化 c. 自我增殖

表一：《資本論》第一卷與《邏輯學》的同形結構

資料來源：Arthur, Christopher. 2002. *The New Dialectic and Marx's Capita.* Leiden: Brill: 109.

閱讀了黑格爾。第一次是一八五七年十月底左右，在偶然的機會下「又把黑格爾的《邏輯學》瀏覽了一遍」（馬克思致恩格斯信函，一八五八年一月十四日），並明顯影響了《大綱》的寫作，甚至容易讓人以為《大綱》只是一種「概念的辯證法」。[16]第二次則是一八六〇至一八六三年撰寫經濟學手稿期間，曾對黑格爾《小邏輯》的「存在論」做了詳細的摘要。[17]如果馬克思決定完全按照《邏輯學》的架構來安排《資本論》的範疇及推論，沒有理由只將這個計畫侷限在第一卷。

那麼，從方法論或認識論的角度來看，馬克思辯證法的精髓到底是什麼？我同意奧爾曼（Bertell Ollman）的看法：其精髓在強調動態的**過程**與**關係**，而非把研究對象當成靜止、孤立的元素來考察。要做到這點，就必須靈活運用抽象力，研究系統內部組成元素的相互聯繫、矛盾，以理解系統層次的變化如何產生。[18]

比如說，馬克思的《資本論》就是把剩餘價值的生產（透過雇佣勞動生產商品）、實現（在市場上出售商品）、分配（以利潤、地租、利息等不同的形式分配）看成**環環相扣卻充滿結構性矛盾及危機的過程**。又比如說，馬克思批判費爾巴哈，認為他「假定有一種抽象的（孤立的）人的個體」，強調人的本質其實是「一切社會關係的總和」；[19]在《資本論》中，他則指出「資本不是一種物，而是一種以物為中介的人和人之間的社會關係。」[20]這些例子俯拾即是，都是馬克思強調「過程」與「關係」的表現。

另一個重點是「矛盾」。馬克思討論的矛盾不是概念的矛盾，而是社會關係內部的結構性衝突。根據柯林尼可斯（Alex Callinicos）的說法，[21]必須滿足下列條件，這種結構矛盾才存在：

一、兩個以上的社會實體（如社會階級、群體或社會結構）之間有關係存在；

二、社會實體之所以能建立，是因為它們身處該關係之中；

三、實體間在關係中相互依存；

四、實體間在關係中具有潛在的衝突。

這種「相互構成、相互依存卻有潛在的衝突」，對馬克思來說，就是社會變遷與轉型的主要動力。資本與勞動的關係就是典型的例子。

在馬克思之後，恩格斯進一步發展了辯證法。由於恩格斯不是本書的重點，這裡只能簡要提及。恩格斯將辯證法運用到自然世界（即「自然辯證法」），並將辯證法總結為三大「規律」：質量互變；對立相互滲透（一般譯為「對立統一」）；否定的否定。這種做法，使許多人長期以來將恩格斯視為「庸俗化」、「實證主義化」的馬克思。但我的基本看法是，我們必須將恩格斯勾勒的自然辯證法（特別是他對「自然史」的看法）放置在當時的思想史脈絡，才能充分理解其洞察力。

當代歐美不少頂尖的自然科學家都曾受到辯證法的深刻影響，在英語世界較知名者包括如英國神經心理學者羅斯（Steven Rose）、美國生物學者古爾德（Stephen Jay Gould）、美國生物學者勒萬亭（Richard Lewontin）、美國生態學者萊文斯（Richard Levins）等。這些學者除了積極參與各式政治與社會活動外，亦反對各式各樣的**化約論**（如基因決定論、社會生物學，或是有「新心靈科學」之稱的演化心理學）。我們必須更嚴肅看待他們的著作與（自然）辯證法的關聯，探討（自然）辯證法在多大的程度上能夠與當代的科學研究對話。22

注釋

1 Marx, Karl，2004，《資本論》，第一卷，中共中央馬克思恩格斯列寧斯大林著作編譯局譯，北京：人民出版社：頁22。

2 Hegel, Friedrich，1976，《邏輯學》，下卷，楊一之譯，北京：商務印書館：頁66。

3「辯證法是運動、演化、變化的邏輯」（Novack, George. 1971. *An Introduction to the Logic of Marxism*. 5th ed. New York: Pathfinder Press: 70）。黑格爾的《小邏輯》是這樣說的：「有限事物作為某物，並不是與別物毫不相干地對峙著的，而是潛在地就是它自己的別物，因而引起自身的變化。……變化即包含在定在（*Dasein*）的概念自身之內，而變化只不過是定在的潛在本性的表現罷了」（Hegel, Friedrich，1980，《小邏輯》，賀麟譯，第二版，北京：商務印書館：頁206）。

4 馬克思自己認為這一章，「特別是分析商品的部分，是最難理解的。」（Marx, 2004: 7）

5 Marx, 2004: 357-8，重點為筆者所加。

6 Ollman, Bertell. 2003. *Dance of the Dialectic: Steps in Marx's Method*. Urbana, Ill.: University of Illinois Press.

7 Little, Daniel. 1986. *The Scientific Marx*. Minneapolis: University of Minnesota Press.

8 Rosenthal, John. 1998. *The Myth of Dialectics: Reinterpreting the Marx-Hegel Relation*. New York: St. Martin's Press.

9 「在形式上，敘述方法（*Forschungsweise*）必須與研究方法（*Darstellungsweise*）不同。研究必須充分地佔有材料，分析它的各種發展形式，探尋這些形式的內在聯繫。只有這項工作完成以後，現實的運動才能適當地敘述出來。這點一旦做到，材料的生命一旦在觀念上反映出來，呈現在我們面前的就好像是一個先驗的結構了」（Marx, 2004: 21-2）。

10 Smith, Tony. 1990. *The Logic of Marx's Capital*. Albany: SUNY Press.

11 Bell, John R. 2003. "From Hegel to Marx to the Dialectic of Capital," in Robert Albritton and John Simoulidis (eds) *New Dialectics and Political Economy*. New York: Palgrave Macmillan, pp. 101-19.

12 李建平，2006，《《資本論》第一卷：辯證法探索》，北京：社會科學文獻出版社：頁114。

13 Marx, Karl and Friedrich Engels，2009，《神聖家族，或對批判的批判所做的批判。駁布魯諾．鮑威爾及其夥伴》，收於《馬克思恩格斯文集》，第一卷，中共中央馬克思恩格斯列寧斯大林著作編譯局譯，北京：人民出版社，頁249-359: 280。

14 Marx, Karl，1995，〈政治經濟學批判〈一八五七—五八年手稿前半部分〉〉，收於《馬克思恩格斯全集》，第二版，第三十卷，中共中央馬克思恩格斯列寧斯大林著作編譯局譯，北京：人民出版社，頁59-623: 101。

15 Ollman, 2003: 186.

16 Rosdolsky, Roman. 1974. "Comments on the Method of Marx's Capital and Its Importance

for Contemporary Marxist Scholarship," *New German Critique*, 3: 62-72: 65.

17 O'Malley, Joseph and Fred E. Schroder. 1977. "Marx's Précis of Hegel's Doctrine on Being in the Minor Logic," *International Review of Social History*, 22(3): 423-31.

18 奧爾曼還區分出四種強調「關係」的辯證法研究策略：同一與差異、對立統一、質與量、矛盾。讀者可自行參考這些比較技術性的討論。（Ollman, 2003）

19 Marx, Karl，2009，〈關於費爾巴哈的提綱〉，收於《馬克思恩格斯文集》，第一卷，中共中央馬克思恩格斯列寧斯大林著作編譯局譯，北京：人民出版社，頁499-502: 501。

20 Marx, 2004: 877-8.

21 Callinicos, Alex，2007，《創造歷史：社會理論中的行動、結構與變遷》，萬毓澤譯，台北：群學：頁162。

22 筆者曾從當代科學哲學及系統理論的角度重新詮釋辯證法，可參考Wan, Poe Yu-ze. 2013. "Dialectics, Complexity, and the Systemic Approach: Toward a Critical Reconciliation," *Philosophy of the Social Sciences*, 43(4): 411-52；另見Bunge 從科學唯物論的角度對辯證法「三大規律」的批判。（Bunge, Mario，2011，〈從辯證唯物主義到系統唯物主義〉，萬毓澤譯〔Mario Bunge 教授訪問中國指定翻譯〕。）

未完成的「兩三個印張」

由於偶然的機會……我又把黑格爾的《邏輯學》瀏覽了一遍，這在材料加工的方法上幫了我很大的忙。如果以後再有功夫做這類工作的話，我很願意用兩三個印張把黑格爾所發現、但同時又加以神秘化的方法中所存在的合理的東西闡述一番，使一般人都能理解。

——〈馬克思致恩格斯〉（一八五八年一月十四日）

論黑格爾

黑格爾……只是為歷史的運動找到**抽象的**、**邏輯的**、**思辨的**表達，這種歷史還不是做為既定的主體的人的**現實**歷史……

——《一八四四年經濟學哲學手稿》

黑格爾常常在**思辨的**敘述中做出把握住**事物**本身的、**現實的**敘述。這種在思辨的闡述之中所做的現實的闡述，會誘使讀者把思辨的闡述看成是現實的，而把現實的闡述看成是思辨的。

——《神聖家族，或對批判的批判所做的批判。駁布魯諾·鮑威爾及其夥伴》

往後，在結束這個問題之前，有必要對唯心主義的敘述方式做一糾正，這種敘述方法造成一種假象，似乎探討的只是一些概念的規定和這些概念的辯證法。

——《政治經濟學批判大綱》（一八五七—五八年經濟學手稿）

我的闡述方法和黑格爾不同，因為我是唯物論者，黑格爾是唯心論者。黑格爾的辯證法是一切辯證法的基本形式，但是，只有在剝去它的神秘形式之後才是這樣，而這恰好就是我的方法的特點。

——〈馬克思致路·庫格曼〉（一八六八年三月六日）

我的辯證方法，從根本上來說，不僅和黑格爾的辯證方法不同，而且和它截然相反。在黑格爾看來，思維過程，即甚至被他在觀念這個名稱下轉化為獨立主體的思維過程，是現實事物的創造主，而現實事物只是思維過程的外部表現。我的看法則相反，觀念的東西不外是移入人的頭腦並在人的頭腦中改造過的物質的東西而已。……我公開承認我是這位大思想家的學生，並且在關於價值理論的一章中，有些地方我甚至賣弄起黑格爾特有的表達方式。辯證法在黑格爾手中神秘化了，但這絕不妨礙他首先全面有意識地敘述了辯證法的一般運動形式。在他那裡，辯證法是倒立著的。必須把它倒過來，以便發現神秘外殼中的合理內核。

——《資本論》第一卷第二版跋

辯證法：動的邏輯與革命性

兩個相互矛盾方面的共存、鬥爭以及融合成一個新範疇，就是辯證運動。

——《哲學的貧困》

〔事物的〕內部聯繫一旦被瞭解，相信現存制度的永恆必要性的一切理論信仰，還在現存制度實際崩潰以前就會破滅。

——〈馬克思致路．庫格曼〉（一八六八年七月十一日）

辯證法，在其神秘形式上，成了德國的時髦東西，因為它似乎使現存事物顯得光彩。辯證法，在其合理形態上，引起資產階級及其誇誇其談的代言人的惱怒和恐怖，因為辯證法在對現存事物的肯定的理解中，同時包含對現存事物的否定的理解，即對現存事物的必然滅亡的理解；辯證法對每一種既成的形式都是從不斷的運動中，因而也是從它的暫時性方面去理解；辯證法不崇拜任何東西，就其本質而言，它是批判的、革命的。

——《資本論》第一卷第二版跋

辯證法的運用

共產主義是作為否定的否定的肯定，因此，它是人的解放和復原的一個**現實的**、對下一段歷史發展說來是必然的環節。

——《一八四四年經濟學哲學手稿》

正題：競爭前的封建壟斷。

反題：競爭。

合題：現代壟斷；它既然以競爭的統治為前提，所以它就是封建壟斷的否定，同時，它既然是壟斷，所以就是競爭的否定。

因此，現代壟斷，資產階級的壟斷就是綜合的壟斷，是否定的否定，是對立面的統一。

——《哲學的貧困》

生產行為本身就它的一切要素來說也是消費行為。……生產和消費行為的這種同一性，歸結為斯賓諾莎的命題：「規定即否定」。

——《政治經濟學批判大綱》（一八五七—五八年經濟學手稿）

分工產生出密集、結合、協作、私人利益的對立、階級利益的對立、競爭、資本積聚、壟斷、股份公司——全都是對立的統一形式，而統一又引起對立本身。

——同上

貨幣或商品的佔有者，只有當他在生產上預付的最低限額大大超過了中世紀的最高限額時，才真正變為資本家。在這裡，也像在自然科學一樣，證明了黑格爾在《邏輯學》中發現的下列規律的正確，即單純的量的變化到一定點時就轉變為質的區別。

——《資本論》第一卷

與資本主義生產方式相適應的資本主義佔有，是這種僅僅作為獨立的個體勞動的必然結果的私有制的第一個否定。但是，資本主義生產本身由於自然變化的必然性，造成了對自身的否定。這是否定的否定。這種否定不是重新建立勞動者的私有制，而是在資本主義時代的成就的基礎上，在協作和共同佔有包括土地在內的一切生產資料的基礎上，重新建立勞動者的個人所有制。

——《資本論》第一卷法文版

論科學研究

日常經驗只能抓住事物誘人的外觀，如果根據這種經驗來判斷，科學的真理就總會是奇談怪論了。

——《工資、價格和利潤》

當庸俗經濟學家不去揭示事物的內部聯繫，卻傲慢地斷言事物從現象上看是另外的樣子的時候，他們自以為這是偉大的發現。實際上，他們所鼓吹的是他們緊緊抓住了外表，並且把它當作最終的東西。這樣一來，科學究竟有什麼用處呢？

——〈馬克思致路．庫格曼〉（一八六八年七月十一日）

在形式上，敘述方法必須與研究方法不同。研究必須充分佔有材料，分析它的各種發展形式，探尋這些形式的內在聯繫。只有這項工作完成以後，現實的運動才能適當地敘述出來。這點一旦做到，材料的生命一旦在觀念上反映出來，呈現在我們面前的就好像是一個先驗的結構了。

——《資本論》第一卷第二版跋

如果事物的表現形式和事物的本質會直接合而為一，一切科學就都成為多餘的了。

——《資本論》第三卷

一切經濟規律……要當作一種趨勢來看。

——同上

資本主義積累的絕對的、一般的規律……像其他一切規律一樣，這個規律的實現也會由於各種各樣的情況而有所變化。

——《資本論》第一卷

第五章／歷史

馬克思的歷史觀或歷史理論一般稱為「唯物史觀」或「歷史唯物論」。儘管這兩個詞都不是馬克思本人的用語（而是恩格斯的），但確實大致掌握了馬克思對人類歷史發展動力的看法。

我認為，若要評價馬克思的「歷史理論」，必須區分出兩個層次。第一個層次，是歷史唯物論的一系列基本概念與命題，而研究者可據此架構起一套更具系統性的理論，如柯恩（G. A. Cohen）的名著《馬克思的歷史理論》（*Karl Marx's Theory of History*, 1978）就是試圖使馬克思的歷史理論滿足當代分析哲學要求的清晰與精確，同時與社會科學的「功能論」接軌。在這個層次，馬克思並沒有符合現代學術標準的完整論述，而是散佈於他的各種著作（包括抽象的理論提示和具體的歷史研究），因此，研究者唯一能做的，就是將這些著作加以精煉與重建。第二個層次，則是馬克思對若干歷史問題的具體研究及結論，例如西歐資本主義的興起、路易・波拿巴的政變、俄國農村公社的歷史發展、對帝國主義與殖民主義的批判等。

歷史唯物論的基本概念大致包括「生產力」、「生產關係」[1]、「生產方式」、「階級鬥爭」、「剝削」、「剩餘勞動」、「基礎」、「上層建築」等。至於基本命題，我認為可以三段文字為代表。首先，是〈《政治經濟學批判》序言〉的這兩段著名文字：

> 人們在自己生活的社會生產中發生一定的、必然的、不以他們的意志為轉移的關係，即同他們的物質生產力的一定發展階段相適合的生產關係。這些生產關係的總和構成社會的經濟結構，即有法律的和政治的上層建築（*Überbau*）豎立其上並有一定的社會意識形式與之相適應的現實基礎（*Basis*）。物質生活的生產方式制約著（*bedingen*）整

個社會生活、政治生活和精神生活的過程。[2]

社會的物質生產力發展到一定階段，便同它們一直在其中運動的現存生產關係……發生矛盾。於是這些關係便由生產力的發展形式變成生產力的桎梏。那時社會革命的時代就到來了。隨著經濟基礎的變更，全部龐大的上層建築也或慢或快地發生變革。……無論哪一個社會型態，在它所能容納的全部生產力發揮出來以前，是絕不會滅亡的；而新的更高的生產關係，在它的物質存在條件在舊社會的胎胞裡成熟以前，是絕不會出現的。……在資產階級社會的胎胞裡發展的生產力，同時又創造著解決這種對抗的物質條件。[3]

這兩段文字將生產力的發展視為歷史變遷的動力，並指出了「基礎」（即社會的經濟結構）與「上層建築」的關係，是後來許多人試圖建立歷史唯物論「模型」的出發點。[4]如柯林尼可斯（Alex Callinicos）就據此提出了「古典歷史唯物論」[5]的幾個核心命題：

一、生產力的發展將與既有的生產關係發生衝突。

二、這種衝突會根據生產方式的性質，以特定的形式出現。

三、會導致葛蘭西（Antonio Gramsci）所謂的「有機危機」，即潛在的矛盾發展成熟，迫使統治階級努力緩解這些矛盾；但如果統治階級做不到，就會面臨社會解體的威脅，甚至是革命。

四、危機的結果取決於階級鬥爭的成敗，而階級鬥爭可能因危機帶來的物質艱困而加劇。

但除了前面引用的這兩段文字，《資本論》第三卷的這段話也很重要：

> 從直接生產者身上榨取無酬剩餘勞動的獨特經濟形式，決定著統治和從屬的關係，這種關係是直接從生產本身中產生的，並且又對生產發生決定性的反作用。但是，這種由生產關係本身產生的經濟共同體的全部結構，以及它的獨特的政治結構，都是建立在上述的經濟形式上

的。任何時候，我們總是要在生產條件的所有者與直接生產者的直接關係——這種關係當時的任何形式總是自然地與勞動方式和勞動社會生產力的一定發展階段相適應——當中，為整個社會結構，從而也為主權關係和依附關係的政治形式，總之，為任何當時的獨特的國家形式，發現最隱蔽的秘密，找出隱藏的基礎。6

這段文字將生產關係與「剝削」（以及與之對應的政治結構和政治支配）結合在一起討論，是後來許多重要的歷史著作的方法論基礎。7 請注意，和許多人的印象相反，馬克思所謂的「剝削」（榨取剩餘勞動）並不是資本主義所獨有：

資本並沒有發明剩餘勞動。凡是社會上一部分人享有生產資料壟斷權的地方，勞動者，無論是自由的或不自由的，都必須在維持自身生活所必需的勞動時間以外，追加超額的勞動時間來為生產資料的所有者生產生活資料，不論這些所有者是雅典的貴族，伊特魯里亞的僧侶，羅馬的市民，諾曼的男爵，美國的奴隸主，瓦拉幾亞的領主，現代的地主，還是資本家。[8]

這種對「生產關係」及「剝削」的看法，可大致整理分類如下：[9]

直接生產者	是否擁有自身的勞動力	是否擁有生產資料
奴隸	無	無
農奴	部分	部分
無產者	全部	無
獨立生產者	全部	全部

這種史觀之所以是「唯物」的，是因為馬克思強調人的**物質生活**、**生產活**

動以及從中形成的社會關係，而不是只考察觀念因素在歷史中的作用。這裡有兩點值得略加引伸。首先，唯物論並不貶低精神因素或政治層面的影響力。曾有人批評，既然中世紀是由天主教統治，雅典和羅馬則是政治因素優先，那麼唯物論便不適用了。馬克思的回應是：「中世紀不能靠天主教生活，古代世界不能靠政治生活。相反，這兩個時代謀生的方式和方法表明，為什麼在古代世界政治起著主要作用，而在中世紀天主教起著主要作用」。[10] 其次，由於馬克思的唯物論強調社會關係，使他對「資本」的看法與多數經濟學取徑格格不入。對他來說，「資本不是一種物，而是一種以物為中介的人和人之間的社會關係。」[11]

歷來對歷史唯物論的詮釋，往往在「決定論」與「唯意志論」之間擺盪。[12] 嚴格來說，馬克思本人的史觀有一定的開放程度，也強調行動者透過（集體）行動「創造歷史」的潛力，並不是僵固的決定論。因此他說：「人類史同自然史的區別在於，人類史是我們自己創造的，而自然史不是我們自己創造的。」[13] 但這種「創造」並不是「隨心所欲」的創造，「而是在直接碰到的、既定的、從過去繼承下來的條件下創造。」[14]

馬克思分散在各種著作、手稿中的文字，能讓我們對他的歷史觀有更深刻而豐富的理解。比如說，他在《一八五七—五八年經濟學手稿》的〈導言〉部分，有幾點關於歷史研究的提示，是不能忽略的。[15]其中，他強調了戰爭因素，認為雇佣勞動和機器往往「在戰爭和軍隊等等中比在資產階級社會內部發展得早」，也強調「第二級的和第三級的」、「派生的、轉移來的、非原生的生產關係」，包括「國際關係」在其中發揮的作用；他還指出「物質生產」和「藝術發展」的不平衡關係（如這句名言後來成為馬克思主義文藝理論的基礎之一：「關於藝術，大家知道，它的一定的繁盛時期絕不是同社會的一般發展成比例的，因而也絕不是同彷彿是社會組織的骨骼的物質基礎的一般發展成比例的」），強調「進步這個概念絕不能在通常的抽象意義上去理解」；此外，在看到歷史的「必然的發展」這一面時，也必須「承認偶然」。這些文字，與那種機械、線性的歷史唯物論版本形成了強烈的對比。

馬克思自己曾做過一些歷史階段的劃分，如他在〈《政治經濟學批判》序言〉中的著名主張是「大體說來，亞細亞的、古希臘羅馬的、封建的和現代資產階級的生產方式可以看做是經濟的社會形態演進的幾個時代。」[16]此外，《德意志意識形態》等著作亦有其他劃分方式。但這種歷史劃分是不是放諸四海皆準的普遍歷史哲學？能不能概括為史達林後來欽定的「人類社會五階段論」（即原始共產主義→奴隸制→封建主義→資本主義→共產主義）？這個問題比較複雜，需要花一點篇幅討論。

馬克思在《資本論》第一卷初版序言確實有這樣的說法：「工業較發達的國家向工業較不發達的國家所顯示的，只是後者未來的景象。」[17]這似乎是單線的歷史演化論或決定論。《資本論》第一卷討論「原始積累」的部分，則說「這種剝奪的歷史在不同的國家帶有不同的色彩，按不同的順序、在不同的歷史時代通過不同的階段。只有在英國，它才具有典型的形式，因此我們拿英國作例子。」[18]這種說法，也容易讓人以為所有國家都必須經過原始積累的階段過渡到資本主義。

然而，學界目前多認為，馬克思後期對古代史、東方社會做了大量研究後，從或多或少「單線」的歷史演化觀點，轉變為「多線」的發展觀。以下提供幾個文本證據。

首先，馬克思在自己親自修訂的《資本論》第一卷法文版（一八七二—一八七五年出版）中，更動了以上引述的兩段文字。初版序言那句話改成了「工業最發達的國家向那些**就工業規模來說跟在後面的國家**所顯示的，只是後者未來的景象。」[19]換言之，還沒有踏上工業化道路的國家，如俄國、印度和中國，是**可能走上其他道路**的。至於原始積累的段落，他則大幅改寫為「全部過程的基礎是對農民的剝奪。這種剝奪只是在英國才徹底完成了……但是，西歐的其他一切國家都正在經歷著同樣的運動。」[20]把範圍限定在「西歐」，就不會讓人有過度推論的空間。

其次，馬克思晚年對俄國狀況的一系列研究與討論也有豐富的線索。一八七七年十一月，馬克思寫了一封未寄出的信給俄國雜誌《祖國紀事》的編輯部，闡述了他對俄國發展問題的看法以及自己的歷史觀，其中再度提到原始積累的問題。他說：「關於原始積累的那一章只不過想描述西歐的資本主義經濟制度從封建主義經濟制度內部產生出來的途徑。」[21]這當然呼應了《資本論》法文版的改寫部分。他進一步說：

> 批評我的人……一定要把我關於西歐資本主義起源的歷史概述徹底變成一般發展道路的歷史哲學理論，一切民族，不管所處的歷史環境如何，都注定要走這條道路，以便最後都達到在保證社會勞動生產力極高度發展的同時又保證每個生產者最全面的發展的這樣一種經濟形態。但是我要請他原諒。他這樣做，會給我過多的榮譽，同時也會給我過多的侮辱。[22]

馬克思在這封信中提到俄國革命家車爾尼雪夫斯基（Nikolay Chernyshevsky），說他提出了關鍵的問題：「俄國是應當像它的自由派經濟學家們所希望的那樣，首先摧毀農村公社以過渡到資本主義制度呢，還是與此相反，俄國可以在發展它所特有的歷史條件的同時取得資本主義制度的全部成果，而又可以不經受資本主義制度的苦難？」[23]車爾尼雪夫斯基主張後者，馬克思亦然。

一八八一年二月，俄國社會民主工黨的創始人之一查蘇利奇（Vera Ivanovna Zasulich）再次提出了這個問題，向馬克思請教他如何看待俄國農村公社的命運。馬克思的回信首先引用了前述《資本論》法文版論原始積累的文字，接著指出：「這一運動的『歷史必然性』明確地限制在西歐各國的範圍內。」[24]他的說法與〈給《祖國紀事》雜誌編輯部的信〉是完全一致的。

最後，一八八二年，馬克思和恩格斯在《共產黨宣言》俄文版第二版序言中公開主張：「俄國已是歐洲革命運動的先進部隊了。……假如俄國革命將成為西方工人革命的信號而雙方互相補充的話，那麼現今的俄國公有制便能成為共產主義發展的起點。」[25]這種開放的、「多線」的歷史發展觀，可說是馬克思最後的見解，後來則在托洛茨基等後繼者的「不平衡與綜合發展」理論中得到進一步的發展，使馬克思主義者「得以擺脫把歷史視作為一系列預先決定的、次序不變的歷史階段的演化式史觀」。[26]這種對歷史唯物論的運用至今仍相當有價值，也在晚近受到了國際關係學界（特別是關心歷史社會學的國際關係學者）的重視。近十年來，以《劍橋國際事務評論》（*Cambridge Review of International Affairs*）為主要陣地，一批學者有系統地將歷史唯物論的概念範疇及理論架構引進國際關係學界。其中，阿尼瓦斯（Alexander Anievas）和尼尚哲奧盧（Kerem Nisancioglu）甚至出版了一本重要的歷史作品，從不平衡與綜合發展的角度重新書寫資本主義的起源史，並提煉出一種嚴肅看待非西方社會的「國際主義」式社會變遷理論，[27] 值得我們注意。

注釋

1 在較早期的《德意志意識形態》中，馬克思和恩格斯主要使用的概念是「交往」（*Verkehr*）、「交往形式」（*Verkehrsform*）、「交往關係」（*Verkehrsverhältnisse*）或「生產和交往關係」（*Produktions- und Verkehrsverhältnisse*）。根據馬克思自己的說法，他是在「最廣泛的意義」上使用「交往」這個詞，其內涵可包括「各種特權、行會和公會的制度、中世紀的全部規則」等（見〈馬克思致帕・瓦・安年科夫〉，一八四六年十二月二十八日）。馬克思（與恩格斯）對「交往」的確切看法及其理論意涵是學界還在爭論的議題。

2 Marx, Karl，2009a，〈《政治經濟學批判》序言〉，收於《馬克思恩格斯文集》，第二卷，中共中央馬克思恩格斯列寧斯大林著作編譯局譯，北京：人民出版社，頁588-594：591。《資本論》第一卷第一章也引述過這段話。值得注意的是，在馬克思親自修訂過的《資本論》第一卷法文版（1872-75）中，馬克思把「制約」這個字改成了「支配」（*dominer*，Marx, Karl，2016，《資本論》第一卷法文版，收於《馬克思恩格斯全集》，第二版，第四十三卷，中共中央馬克思恩格斯列寧斯大林著作編譯局譯，北京：人民出版社：頁75n）。這很可能是為了降低「制約」一詞（常被理解為機械的「決定」）的決定論色彩。

3 Marx, 2009a: 591-2.

4 這兩段文字扼要表達了孫中興（2013，《馬／恩歷史唯物論的歷史與誤論》，台北：群學）區分出的歷史唯物論三大面向：「形構論」（社會形構涵蓋的元素，尤其是基礎與上層建築）、「關係論」（這些元素的相互關係，如基礎「制約」上層建築）及「歷史論」（社會形構的發展動力，如生產力的發展與生產關係發生矛盾）。

5 Callinicos, Alex，2007，《創造歷史：社會理論中的行動、結構與變遷》，萬毓澤譯，台北：群學：頁224-5。

6 Marx, Karl，2004a，《資本論》，第三卷，中共中央馬克思恩格斯列寧斯大林著作編譯局譯，北京：人民出版社：頁894。

7 如英國史家G. E. M. de Ste. Croix（1910-2000）的《古希臘世界的階級鬥爭》（*The Class Struggle in the Ancient Greek World*, 1981）。

8 Marx, Karl，2004b，《資本論》，第一卷，中共中央馬克思恩格斯列寧斯大林著作編譯局譯，北京：人民出版社：頁272。

9 Cohen, G. A. 1978. *Karl Marx's Theory of History: A Defence.* Princeton, N.J.: Princeton University Press: 65.

10 Marx, 2004b: 100n.

11 Marx, 2004b: 877-8.

12 萬毓澤，2008，〈歷史唯物論中的結構與行動：資本主義起源論再探〉，《台灣社會研究季刊》，71期，頁106-156。

13 Marx, 2004b: 429.

14 Marx, Karl，2001，《路易・波拿巴的霧月十八日》，中共中央馬克思恩格斯列寧斯大林著作編譯局譯，北京：人民出版社。

15 Marx, 2009b，〈《政治經濟學批判》導言〉，收於《馬克思恩格斯文集》，第八卷，中共中央馬克思恩格斯列寧斯大林著作編譯局譯，北京：人民出版社，頁5-36: 33-4。

16 Marx, 2009a: 592.

17 Marx, 2004b: 8.

18 Marx, 2004b: 823.

19 Marx, 2016: 17，重點為筆者所加。

20 Marx, 2016: 770-71.

21 Marx, 2009c，〈給《祖國紀事》雜誌編輯部的信〉，收於《馬克思恩格斯文集》，第三卷，中共中央馬克思恩格斯列寧斯大林著作編譯局譯，北京：人民出版社，頁

463-467: 465。

22 Marx, 2009b: 466.

23 Marx, 2009b: 464.

24 Marx, Karl，2009d，〈給維・伊・查蘇利奇的覆信〉，收於《馬克思恩格斯文集》，第三卷，中共中央馬克思恩格斯列寧斯大林著作編譯局譯，北京：人民出版社，頁570-590: 589。

25 Marx, Karl and Friedrich Engels，2014，《共產黨宣言》，中共中央馬克思恩格斯列寧斯大林著作編譯局譯，台北：五南，頁 75-6。

26 Löwy, Michael，2006，〈不平衡與綜合發展理論〉，萬毓澤譯，《紅鼴鼠》，第 6 期，頁44-49: 46。

27 Anievas, Alexander and Kerem Nisancioglu. 2015. *How the West Came to Rule: The Geopolitical Origins of Capitalism.* London: Pluto Press.

唯物史觀的出發點

我們首先應當確定一切人類生存的第一個前提，也就是一切歷史的第一個前提：人們為了能夠「創造歷史」，必須能夠生活。但是為了生活，首先就需要衣、食、住以及其他東西。因此，第一個歷史活動就是生產滿足這些需要的資料，即生產物質生活本身。

——《德意志意識形態》

這種歷史觀和唯心主義歷史觀不同，不是在每個時代中尋求某種範疇，而是始終站在現實歷史的基礎上，不是從觀念出發來解釋實踐（*Praxis*），而是從物質實踐出發來解釋觀念。

——同上

有一點很清楚，中世紀不能靠天主教生活，古代世界不能靠政治生活。相反，這兩個時代謀生的方式和方法表明，為什麼在古代世界政治起主要作用，而在中世紀則是天主教起主要作用。

——《資本論》第一卷

基本概念：基礎與上層建築

人們的觀念、觀點和概念，一句話，人們的意識，隨著人們的生活條件、人們的社會關係、人們的社會存在的改變而改變。

——《共產黨宣言》

人們在自己生活的社會生產中發生一定的、必然的、不以他們的意志為轉移的關係，也就是與他們的物質生產力的一定發展階段相適合的生產關係。這些生產關係的總和構成了社會的經濟結構，亦即有法律的和政治的上層建築（*Überbau*）豎立其上並有一定的社會意識形式與之相適應的現實基礎（*Basis*）。物質生活的生產方式制約（*bedingen*）了社會生活、政治生活和精神生活的過程。

——〈《政治經濟學批判》序言〉

基本概念：生產方式

使各種經濟的社會型態（如奴隸社會和雇佣勞動的社會）區別開來的，只是從直接生產者身上、勞動者身上，榨取剩餘勞動的形式。

——《資本論》第一卷

各種經濟時代的區別，不在於生產什麼，而在於怎樣生產，用什麼勞動資料生產。勞動資料不僅是人類勞動力發展的測量器，而且是勞動藉以進行的社會關係的指示器。

——同上

不論生產的社會的形式如何，勞動者和生產資料始終是生產的因素。但是，二者在彼此分離的情況下，只在可能性上是生產因素。要進行生產，它們就必須結合起來。實行這種結合的特殊方式和方法，使社會結構區分為各個不同的經濟時期。

——《資本論》第二卷

從直接生產者身上榨取無酬剩餘勞動的獨特經濟形式，決定了統治和從屬的關係，這種關係是直接從生產當中生長出來的，並且對生產發生決定性的反作用。但是，這種從生產關係本身中生長出來的經濟共同體的全部結構，從而這種共同體的獨特的政治結構，都建立在上述的經濟形式之上。

——《資本論》第三卷

基本概念：生產力與生產關係

資產階級賴以形成的生產資料和交換手段，是在封建社會裡造成的。在這些生產資料和交換手段發展的一定階段上，封建社會的生產和交換在其中進行的關係，封建的農業和工場手工業組織，一句話，封建的所有制關係，就不再適應已經發展的生產力了。這種關係已經在阻礙生產而不是促進生產了。它變成了束縛生產的桎梏。它必須被炸毀，也已經被炸毀。取而代之的是自由競爭以及與自由競爭相適應的社會制度和政治制度、資產階級的經濟統治和政治統治。……幾十年來的工業和商業的歷史，只不過是現代生產力反抗現代生產關係、反抗作為資產階級及其統治的存在條件的所有制關係的歷史。

——《共產黨宣言》

社會的物質生產力發展到一定階段，便與它們一直在其中運動的現存生產關係……發生矛盾。於是這些關係便從生產力的發展形式變成生產力的桎梏。那時社會革命的時代就到來了。隨著經濟基礎的變更，全部龐大的上層建築也或慢或快發生變革。……無論哪種社會型態，在所能容納的全部生產力發揮出來之前，是絕不會滅亡的；而新的更高的生產關係，在其物質存在條件在舊社會的胎胞裡成熟之前，是絕不會出現的。……在資產階級社會的胎胞裡發展的生產力，同時創造了解決這種對抗的物質條件。

——〈《政治經濟學批判》序言〉

階級鬥爭

自由民和奴隸、貴族和平民、領主和農奴、行會師傅和幫工，一句話，壓迫者和被壓迫者，始終處於相互對立的地位，進行不斷的、有時隱蔽有時公開的鬥爭，而每一次鬥爭的結局是整個社會受到革命改造，或者鬥爭的各階級同歸於盡。

——《共產黨宣言》

統治階級的思想

統治階級的思想在每個時代都是佔統治地位的思想。也就是說，一個階級是社會上佔統治地位的**物質**力量，同時也是社會上佔統治地位的**精神**力量。支配物質生產資料的階級，同時也支配精神生產資料，因此，那些沒有精神生產資料的人的思想，一般而言是隸屬於這個階級的。

——《德意志意識形態》

論達爾文

達爾文的著作（編按：指達爾文一八五九年的《物種起源》）非常有意義，我可以將這本書當作歷史上的階級鬥爭的自然科學根據。……雖然有許多缺點，但是在這裡不僅第一次給了自然科學中的「目的論」致命的打擊，也根據經驗闡明了它合理的意義。

——〈馬克思致斐迪南．拉薩爾〉

人創造歷史

人創造自己的歷史，但不是隨心所欲地自己創造，不是在自己選定的條件下創造，而是在直接碰到的、既定的、從過去承繼下來的條件下創造。

——《路易．波拿巴的霧月十八日》

如維科所言，人類史和自然史的區別在於，人類史是我們自己創造的，而自然史不是我們自己創造的。

——《資本論》第一卷

多線發展的歷史觀

批評我的人……一定要把我關於西歐資本主義起源的歷史概述徹底變成一般發展道路的歷史哲學理論，一切民族，不管所處的歷史環境如何，都注定要走這條道路，以便最後都達到在保證社會勞動生產力極高度發展的同時又保證每個生產者最全面的發展的這樣一種經濟形態。但是我要請他原諒。他這樣做，會給我過多的榮譽，同時也會給我過多的侮辱。

——〈給《祖國紀事》雜誌編輯部的信〉

第六章／資本主義

二〇一六年，台灣發生了一件眾所矚目的事。中華航空公司的空服員於六月二十三日晚間發起罷工行動，延續到二十四日，在工會代表與新任董事長進行數小時的勞資協商後，於二十四日晚間結束罷工。

不論是華航空服員的罷工，或是長榮空服員、機師隨後加入工會的行動，都凸顯「工會」在資本主義社會中的重要性。[1]工會是工人的集體組織，一般而言，工會如果有實力，勞工通常能爭取到較好的待遇、較人性化的工作環境。

在台灣戰後的發展過程中，勞資的權力天平極度向資方傾斜，整體的「勞動體制」（規範勞資關係的制度）使勞工很難以集體的方式提升勞動條件，故工會組織率極低。至二〇一二年為止，全台總就業人口加入工會的比率甚至不到百分之五。由於缺乏工會的制衡力量，一般勞工除了實質薪資成長有限外，也始終暴露在高工時的勞動環境中。據《蘋果日報》報導，雖然台灣法定工時已從雙週八十四小時改為單週四十小時，但「血汗勞工」的情形仍相當嚴重。依行政院主計總處統計，二〇一五年台灣勞工的總工時為二一〇三・六小時，超過日本三百八十四小時。若根據經濟合作與發展組織（OECD）的資料，台灣工時名列全球第四，僅次於墨西哥的二二四六小時、哥斯大黎加的二二三〇小時、南韓的二一一三小時，也是全球工時超過二千個小時的五國之一。近五年來，全國違反《勞基法》的案件中，前兩名全是未給加班費以及讓勞工超時加班；[2] 二〇一五年下半年至二〇一七年下半年，歷經政黨輪替但並未因此停息的「一例一休、砍假七天」、「從七休一改為做十四休二」、「輪班間隔縮減為八小時」、「休息日加班費改核實計算」等爭議，其根源也是台灣受雇者的高工時、低工資等問題。[3] 財富集中趨勢、工時與工資、工人的集體組織等問題，正是「資本主義」的運作核心，也是馬克思最主要的研究對象。

馬克思對資本主義的分析

批評馬克思（主義）的人，往往喜歡凸顯馬克思做過的極少數「預言」，[4]並強調這些「預言」並不準確。比如說，常有人把馬克思的政治經濟學分析歸結為「資本主義崩潰說」，以為馬克思的理論要旨在於「預言」資本主義必然崩潰。但實際上，古典馬克思主義的傳統，包括馬克思在內，並不特別關注「預言」或「預測」的問題，而是試圖對資本主義的**運作機制**提出一套複雜的因果解釋，其中包括資本主義的危機趨勢與「反」趨勢（而非簡單的「崩潰」）。

奧地利經濟學家、社會學家熊彼得（Joseph Schumpeter）如此評論馬克思對資本主義的分析：

> 要研究資本主義，就是研究一種演化過程（evolutionary process）。奇怪的是，有人竟會看不到馬克思很久以前就強調過的如此明顯的事

實……資本主義本質上是一種經濟變動的形式或方法，它不僅從來不是、而且也永遠不可能是靜止不變的……啟動和保持資本主義引擎運轉的根本推動力，來自於資本主義企業創造的新消費品、新生產方法或運輸方法、新市場、新產業組織的形式。[5]

這段評論堪稱中肯。馬克思投入政治經濟學的研究之後，就逐步把資本主義當成一個世界性的、動態發展的體系來考察。[6]這段知識旅程歷時數十年。目前學術界大致認為，若要完整瞭解及評估馬克思的政治經濟學理論，必須將馬克思正式出版的著作和未出版的手稿視為一個逐步開展、修正、深化的整體。這篇導言當然無法完成這種任務，讀者也不可能在閱讀幾段選文後，便徹底掌握馬克思的經濟思想。以下，我只能藉由有限的文字，初步澄清幾項常見的誤解。

一、關於「絕對貧困化理論」

鼎鼎有名的奧地利學派經濟學家米塞斯（Ludwig von Mises）曾如此批評馬克思的經濟學說：

工人階級無法避免地日益貧困化，這樣一條已被歷史引人注目地證明為錯誤的規律，對馬克思及其追隨者來說，卻仍然是經濟學和歷史演化的兩條基本規律中的一條。另外一條與之相伴的規律，早在馬克思之前就被經濟學家稱為「**工資鐵律**」，儘管馬克思出於純粹的個人原因不喜歡這個術語，但**他所有的經濟學說，如《共產黨宣言》和《資本論》所闡述的理論，都是以這條鐵律為基礎**。[7]

上述命題，通常稱為「絕對貧困化」（*absolute Verelendung*，absolute immiseration），背後的基礎則是所謂「工資鐵律」（工人領取的工資總是只能維持最低的生活所需）。許多對馬克思學說感興趣的人，都堅信馬克思有這種主張。但真相要複雜得多。

的確，在一八四八年的《共產黨宣言》中，馬克思和恩格斯確實提出了類似「絕對貧困化」或「工資鐵律」的說法，比如說，他們寫道：「雇佣勞動的平均價格是最低限度的工資，即工人為維持其工人的生活所必需的生活資料的數額。因此，雇佣工人靠自己的勞動所佔有的東西，只夠勉強維持他的生命的再生產」；「現代的工人卻相反，他們並不是隨著工業的進步而上升，而是越來越降到本階級的生存條件以下。工人變成赤貧者，貧困比人口和財富增長得還要快。」[8]

然而，要瞭解馬克思的經濟學說，不能只以《共產黨宣言》為根據。畢竟馬克思當時才剛開始對政治經濟學做系統性的研究，尚未成一家之言。事實上，成熟時期的馬克思，是明確反對任何「工資鐵律」的。舉例來說，他在〈工資、價格和利潤〉（一八六五年在國際工人協會總委員會會議上的報告）中便指出，勞動力的價值除了「純生理的要素」外，還有「**歷史**的或**社會**的要素」，也就是「每個國家的傳統生活水平」，其中不僅包括「生理上的需要」，也包括「人們賴以生息教養的那些**社會條件**所產生的某些需要。」[9]

重要的是，「這一歷史的或社會的要素可能擴大，也可能縮小，甚至可能完全消失」，因為「資本家總想把工資降低到生理上所容許的最低限度，把工作日延長到生理上所容許的最高限度，而工人則在相反的方面不斷地對抗。歸根到柢，這是**鬥爭雙方力量對比**的問題。」[10]

此外，馬克思在《資本論》第一卷也明白指出「和其他商品不同，勞動力的價值規定包含著一個歷史的和道德的要素。」[11]總之，對馬克思來說，工資（勞動力的市場價格）問題，是動態的歷史發展過程，既取決於資本積累的動力，也取決於勞動者在既有條件下施展的「能動性」（比如說前文提過的工會實力）。馬克思的研究方法始終是動態的、「辯證」的，與任何高舉末日（或拯救）將至的預言書都格格不入。[12]

二、關於「工人階級」

馬克思對資本主義的分析中，有個著名的命題：「資產階級不僅鍛造了置自身於死地的武器；它還產生了將要運用這種武器的人——現代的工人，即無產者。」[13]但什麼是「工人」？一項常見的誤解，是以為馬克思所謂的「工人」是指製造業工人（藍領工人），而既然製造業人口比例下降、服務業不斷擴張等「去工業化」（deindustrialization）現象乃大勢所趨，馬克思的分析恐怕只適用於他當時的主要考察對象，也就是十九世紀的英國。

但實際上，馬克思並沒有把工人階級等同於特定的職業類別。對馬克思來說，「工人階級」就是這樣一群人：他們是「自由人」，能夠自由支配自己的勞動力；但同時又「自由得一無所有」，他們沒有「生產資料」（*Produktionsmittel*，如原料、廠房、生產工具），也沒有充分的「生活資料」（*Lebensmittel*，經濟、社會、文化生活所需的物品），因此不得不出賣自己的勞動力。[14]

接著請注意，馬克思是這樣定義「勞動力」的：「一個人的身體即活的人體中存在的、每當他生產某種使用價值時就運用的**體力和智力的總和**。」[15]因此，不管是以腦力勞動為主的「白領」，或是界定寬鬆、包山包海的「服務業」（其中許多是高度體力性質的勞動），只要是出賣勞動力、領取薪資維生，都符合馬克思對工人階級的定義。他在《資本論》第一卷就這樣寫過：「大工業領域內生產力的極度提高，以及隨之而來的所有其他生產部門對勞動力的剝削在強度和範圍兩方面的加強，**使工人階級中越來越大的部分有可能被用於非生產勞動。**」[16]

再者，也有許多人認為，馬克思的時代只有兩大階級（資產階級和工人階級），但今天的世界早已更為多樣化。然而，馬克思在《剩餘價值理論》中曾說明，為了分析需要，他必須暫時「不考察實際的社會結構」，而「社會絕不僅僅是由工人階級和產業資本家階級組成的。」[17]這表示他是在進行社會科學研究所需的「抽象化」，而不是主張資本主義社會真的「只有」兩大階級。如他所言，即使是當時最發達的資本主義國家英國，「階級結構也還沒有以純粹的形式表現出來。在這裡，一些中間的和過渡的階層也到處使界線規定模糊起來。」[18]

這不是說馬克思的階級分析是完整的、不容挑戰的。恰恰相反，馬克思確實沒有發展出一套足夠細緻的階級理論。因此，後來有許多馬克思主義者，都試圖以馬克思的分析為基礎，進一步拓展階級分析的方法及視野。[19]

三、別忘了《資本論》有三卷

馬克思作品受重視的程度，大致上與經濟的繁榮與蕭條呈現「負」相關。自近幾年的次貸風暴、歐債風暴以來，《資本論》再度成為學界、政界與社會運動界關注的對象，甚至一度登上德國的暢銷排行榜。當前熱門的經濟學著作《二十一世紀資本論》（*Le Capital au XXIe siècle*，法國經濟學者皮凱提〔Thomas Piketty〕著，英譯本及台灣中譯本出版於二〇一四年），也不斷被拿來與馬克思的《資本論》比較。[20]

很可惜的是，不論台灣或歐美，學界（尤其是社會學界）對馬克思思想的理解往往有一項重大缺陷，就是對他的政治經濟學理論掌握不足，而我認為主因之一是不夠重視《資本論》的第二卷與第三卷。

只讀《資本論》第一卷，將無法掌握馬克思對資本主義的完整分析，也就難以瞭解他對資本主義運作機制的分析在哪些層面至今仍展現驚人的洞察力。

舉幾個例子：《資本論》第一卷只分析剩餘價值在「直接生產過程」中的生產機制（也就是剩餘價值如何生產），而把剩餘價值在商品流通過程中的「實現」問題留到第二卷處理；而一直到第三卷引進不同部門的資本「競爭」因素後，才分析剩餘價值如何以不同的形態（利潤、利息、地租）分配。又如馬克思在第一、二卷都假定「價值」等於「價格」，到第三卷才討論市場價格的運作機制，但許多人卻習慣將第一卷對價值規律的討論直接拿來分析「價格」，這完全違背馬克思本人的理論邏輯。最重要的是，第二卷和第三卷都處理了資本主義的**危機**趨勢，特別是第三卷十三、十四、十五章討論「利潤率趨向下降的規律」等章節，如果輕率忽略，將難以理解馬克思如何將資本主義視為一個不斷演化、週期性出現經濟危機的競爭性積累（competitive accumulation）體制，當然也就更難回應經濟危機方興未艾的今日世界。

也有人主張，《資本論》對資本主義的「分析」已黯然失色，但對資本主義的道德批判仍有價值。但這種說法同樣值得商榷。如果把《資本論》的「分析」成分拿掉，馬克思的「政治經濟學批判」就顯得貧弱蒼白了。首先，早已有眾多（政治）經濟學者在從事經驗研究的過程中，試圖運用、發展或修正馬克思在《資本論》等著作提出的概念、命題或理論。比如說，**資本主義危機理論**（特別是上一段提到的「利潤率趨向下降的規律」），就是近來隨著全球陷入經濟與政治危機而重新受到關注的「分析性」理論。[21]其次，只要稍微關心晚近社會科學的研究動態，就會注意到，從哈維（David Harvey）到詹明信（Frederic Jameson）等頂尖學者，[22]晚近都出版了（重新）閱讀詮釋《資本論》的著作。[23]如果《資本論》（只）是一本對資本主義提出「道德批判」的作品，恐怕禁不起一再的深入挖掘、鑽研。由於馬克思的資本主義分析有太多值得討論或爭議之處，非隻字片語能道盡，因此這篇導言多引用了一些文獻。讀者若想一窺堂奧，除了參考本章選文外，請根據參考文獻來按圖索驥。

注釋

1 見〈華航罷工效應，長榮1500空服入工會〉，《聯合報》，二〇一六年七月十五日；〈不滿高層漠視飛安，長榮機師決定自組工會〉，《自由時報》，二〇一六年九月三十日。

2 見〈台灣勞工「做到飽」，去年總工時2103小時〉，《蘋果日報》，二〇一六年七月二十四日。然而，二〇一一年「勞動三法」（工會法、勞資爭議處理法、團體協約法）修正施行後，在組織工會、發動爭議行為等攸關勞工權益的問題上已相對有彈性，讓勞工奪回了一部分與資方抗衡的武器。這五六年來，逐漸出現真正意義下的「產業工會」（跨廠、跨區域的工會，而不是侷限在個別廠場或企業內部）。近年來幾個積極參與社會議題、為會員權益發聲的活躍工會，如「台灣電子電機資訊產業工會」（二〇一一年五月成立）、「台灣高等教育產業工會」（二〇一二年二月成立）、「台灣護理產業工會」（二〇一二年五月成立）、「台灣私立學校教育產業工會」（二〇一六年十月成立）等，都是這股浪潮下的產物。

3 見〈「一例一休、砍假七天」全紀錄〉，《焦點事件》，http://www.eventsinfocus.org/issues/345；〈從「發現勞基法」到「大逆轉」，我們可以看到什麼？〉，http://www.eventsinfocus.org/news/2052。

4 典型的例子見Popper, Karl，2001，《猜想與反駁：科學知識的增長》，傅季重、紀樹立、周昌忠、蔣戈為譯，上海：上海譯文出版社，頁479-94。

5 Schumpeter, Joseph，1999，《資本主義、社會主義與民主》，吳良健譯，北京：商務印書館，頁146，中譯略有修改。

6 Pradella, Lucia. 2014. *Globalisation and the Critique of Political Economy: New Insights from Marx's Writings*. London: Routledge.

7 von Mises, Ludwig. 1990. *Money, Method, and the Market Process*. Norwell, Mass.: Kluwer Academic Publishers: 219-20。重點為筆者所加。

8 Marx, Karl and Friedrich Engels，2014，《共產黨宣言》，中共中央馬克思恩格斯列寧斯大林著作編譯局譯，台北：五南，頁130、123。

9 Marx, Karl，2009，〈工資、價格和利潤〉，收於《馬克思恩格斯文集》，第三卷，中共中央馬克思恩格斯列寧斯大林著作編譯局譯，北京：人民出版社，頁25-78: 73。重點為筆者所加。

10 Marx, 2009: 74, 75，重點為我所加。

11 Marx, Karl，2004a，《資本論》第一卷，中共中央馬克思恩格斯列寧斯大林著作編譯局譯，北京：人民出版社，頁199。

12 關於「絕對貧困化」的問題，推薦讀者進一步參考Harvey, David. 2010. *A Companion to Marx's Capital*. New York: Verso: 243-6。

13 Marx and Engels, 2014: 111.

14 見如Marx, 2004a: 195-7。

15 Marx, 2004a: 195，重點為筆者所加。

16 Marx, 2004a: 513，重點為筆者所加。

17 Marx, Karl，1973，《剩餘價值理論》，收於《馬克思恩格斯全集》，第二十六卷，第二冊，中共中央馬克思恩格斯列寧斯大林著作編譯局譯，北京：人民出版社，頁562。

18 Marx, Karl，2004b，《資本論》，第三卷，中共中央馬克思恩格斯列寧斯大林著作編譯局譯，北京：人民出版社，頁1001。

19 讀者可參考Erik Olin Wright自一九八〇年代以來的大量著作，包括最新的一本*Understanding Class*. London: Verso（2015）。

20 見如萬毓澤，2014，〈《二十一世紀資本論》不是二十一世紀的《資本論》〉，《二十一世紀資本論【電子評論版】》，台北：衛城出版。

21 三個晚近的例子：Carchedi, Guglielmo. 2011. *Behind the Crisis: Marx's Dialectics of Value and Knowledge*. Boston: Brill；Kliman, Andrew. 2012. *The Failure of Capitalist Production: Underlying Causes of the Great Recession*. London: Pluto Press；Roberts, Michael. 2016. *The Long Depression: Marxism and the Global Crisis of Capitalism*. Chicago, Ill.: Haymarket Books。

22 Harvey, David. 2010. *A Companion to Marx's Capital*. New York: Verso; 2013. *A Companion to Marx's Capital. Volume 2*. New York: Verso; Jameson, Frederic. 2011. *Representing Capital: A Reading of Volume One*. New York: Verso.

23 另請參考晚近的三部傑作：Fornäs. Johan. 2013. *Capitalism: A Companion to Marx's Economy Critique*. New York: Routledge; Callinicos, Alex. 2014. *Deciphering Capital*. London: Bookmarks; Fuchs, Christian. 2015. *Reading Marx in the Information Age: A Media and Communication Studies Perspective on Capital Volume 1*. London: Routledge。

資本主義與異化

工人生產的財富越多，他的產品力量和數量越大，他就越貧窮。工人創造的產品越多，他就越變成廉價的商品．物的世界的增值與人的世界的貶值成正比。……對對象的佔有竟如此表現為異化，以致工人生產的對象越多，他能夠佔有的對象就越少，而且越受他的產品即資本的統治。

——《一八四四年經濟學哲學手稿》

一方面，生產過程不斷把物質財富轉化為資本，轉化為資本家的價值增殖手段和消費品。另一方面，工人不斷像進入生產過程那樣又走出這個過程：他是財富的人身源泉，但被剝奪了為自己實現這種財富的一切手段。因為在他進入過程以前，他自己的勞動就和他相異化（*entfremden*）而為資本家佔有，併入資本中了……。工人本身不斷把客觀財富當作資本，當作和他相異己的、統治他和剝削他的權力來生產，而資本家同樣不斷……把工人當作雇佣工人來生產。工人的這種不斷再生產或永久化，是資本主義生產的必要條件。

——《資本論》第一卷

在資本主義制度內部，一切提高社會勞動生產力的方法都是靠犧牲工人個人來實現的；一切發展生產的手段都轉變為統治和剝削生產者的手段，都使工人畸形發展，成為局部的人，把工人貶低為機器的附屬品，使工人受勞動的折磨，從而使勞動失去內容，並且隨著科學作為獨立的力量被併入勞動過程，使勞動過程的智力與工人相異化（*entfremden*）。

——同上

資本主義下的階級對立

但是，我們的時代，資產階級時代，卻有一個特點：它使階級對立簡單化了。整個社會日益分裂為兩大敵對的陣營，分裂為兩大直接對立的階級：資產階級（*Bourgeoisie*）和無產階級（*Proletariat*）。

——《共產黨宣言》

現代的國家政權不過是管理整個資產階級的共同事務的委員會罷了。

——同上

這些按照軍隊方式一律用鐘聲來指揮勞動的期間、界線和休息的細緻規定，絕不是議會設想出來的。……它們的制訂、得到正式承認以及由國家公布，是長期階級鬥爭的結果。

——《資本論》第一卷

資本主義與現代性

資產階級在它已經取得統治的地方，把一切封建的、宗法的和田園詩般的關係都破壞了。它無情地斬斷了把人們束縛於天然尊長的形形色色的封建羈絆，使人和人之間除了赤裸裸的利害關係、除了冷酷無情的「現金交易」，就再也沒有任何的聯繫了。它把宗教虔誠、騎士熱忱、小市民傷感這些情感的神聖發作，淹沒在利己主義打算的冰水之中。它把人的尊嚴變成了交換價值，用一種沒有良心的貿易自由代替了無數特許的和自力掙得的自由。

——《共產黨宣言》

資產階級除非對生產工具，從而對生產關係，從而對全部社會關係不斷地進行革命，否則就不能生存下去。反之，原封不動地保持舊的生產方式，卻是過去的一切工業階級生存的首要條件。生產的不斷變革，一切社會狀況不停的動盪，永遠的不安定和變動，這就是資產階級時代不同於過去一切時代的地方。一切固定的僵化的關係以及與之相適應的備受尊崇的觀念和見解都被消除了，一切新形成的關係等不到固定下來就陳舊了。一切等級的和固定的東西都煙消雲散了，一切神聖的東西都被褻瀆了。

——同上

因為從貨幣身上看不出它是由什麼東西轉化成的，所以，一切東西，不論是不是商品，都可以轉化成貨幣。一切東西都可以買賣。流通成了巨大的社會蒸餾器，一切東西拋到裡面去，再出來時都成為貨幣的結晶。連聖徒的遺骨也不能抗拒這種煉金術，更不用說那些人間交易範圍之外的不那麼粗陋的聖物了。正如商品的一切質的差別在貨幣上消滅了一樣，貨幣作為激進的平均主義者把一切差別都消滅了。但貨幣本身是商品，是可以成為任何人的私產的外界物。這樣，社會權力就成為私人的私有權力。

——《資本論》第一卷

資本主義與全球化

資產階級，由於開拓了世界市場，使一切國家的生產和消費都成為世界性的。……古老的民族工業被消滅了，並且每天都還在被消滅。它們被新的工業排擠掉了，新的工業的建立已經成為一切文明民族的性命攸關的問題；這些工業所加工的，已經不是本地的原料，而是來自極其遙遠的地區原料；它們的產品不僅供本國消費，而且同時供世界各地消費。舊的、靠本國產品來滿足的需要，被新的、要靠極其遙遠的國家和地帶的產品來滿足的需要所代替了。過去那種地方的和民族的自給自足和閉關自守狀態，被各民族的各方面的互相往來和各方面的互相依賴代替了。

——《共產黨宣言》

資產階級，由於一切生產工具的迅速改進，由於交通的極其便利，把一切民族甚至最野蠻的民族，都捲到文明中來了。它的商品的低廉價格，是它用來摧毀一切萬里長城、征服野蠻人最頑強的仇外心理的重炮。它迫使一切民族，如果它們不想滅亡的話，採用資產階級的生產方式；它迫使它們在自己那裡推行所謂的文明，即變成資產者。一句話，它按照自己的面貌為自己創造出一個世界。……正像它使農村從屬於城市一樣，它使未開化和半開化的國家從屬於文明的國家，使農民的民族從屬於資產階級的民族，使東方從屬於西方。

——同上

資本主義的危機趨勢

只要指出在週期性的重複中越來越危及整個資產階級社會生存的商業危機就夠了。在商業危機期間，總是不僅有很大一部分製成的產品被毀滅掉，還有很大一部分已經造成的生產力被毀滅掉。在危機期間，發生一種在過去一切時代看來都像是荒唐現象的社會瘟疫，即生產過剩的瘟疫。

——《共產黨宣言》

危機每一次都恰好有這樣一個時期做準備，在這個時期，工資會普遍提高，工人階級實際上也會從供消費用的那部分年產品中得到較大的一份。……資本主義生產包含了各種和善意或惡意無關的條件，這些條件只不過讓工人階級暫時享受一下相對的繁榮，而這種繁榮往往只是危機風暴的預兆。

——《資本論》第二卷

一般利潤率逐漸下降的趨勢，只是勞動的社會生產力的日益發展在資本主義生產方式下所特有的表現。……引起一般利潤率下降的同一些原因，又會產生反作用，阻礙、延緩並且部分地抵銷這種下降。這些原因不會取消這個規律，但是會減弱它的作用。……所以，這個規律只是作為一種趨勢發生作用；它的作用，只有在一定情況下，並且經過一個長的時期，才會清楚地顯示出來。

——《資本論》第三卷

工資問題

資本家總想把工資降低到生理上所容許的最低限度，把工作日延長到生理上所容許的最高限度，而工人則在相反的方面不斷地對抗。歸根到柢，這是鬥爭雙方力量對比的問題。

——〈工資、價格和利潤〉

資本的形態變化

資本……經過一系列互相聯繫的、互為條件的轉化，經過一系列的形態變化……。在這些階段中，兩個屬於流通領域，一個屬於生產領域。在每個這樣的階段中，資本價值都處於和不同的特殊職能相適應的不同形態。在這個運動中，預付的價值不僅保存了，而且增長了，量增加了。……資本價值在其流通階段採取的兩種形式，是**貨幣資本**和**商品資本**；它屬於生產階段的形式，則是**生產資本**。在總循環過程中採取而又拋棄這些形式並在每個形式中執行相應職能的資本，就是**產業資本**。……貨幣資本、商品資本、生產資本並不是……獨立的資本種類。……它們只是產業資本的特殊的職能形式，產業資本會依序採取這三種形式。資本的循環，只有不停頓地從一個階段轉入另一個階段，才能正常進行。

——《資本論》第二卷

資本主義的歷史條件與再生產

貨幣佔有者要把貨幣轉化為資本，就必須在商品市場上找到自由的工人。這裡所謂的自由有雙重意義：一方面，工人是自由人，能夠把自己的勞動力當作自己的商品來支配，另一方面，他沒有別的商品可以出賣，自由得一無所有，沒有任何實現自己的勞動力所必需的東西。

——《資本論》第一卷

只有當雇佣勞動成為商品生產的基礎時，商品生產才強加於整個社會；但也只有這時，它才能發揮自己的全部潛力。

——同上

經濟關係的無聲的強制保證資本家對工人統治。超經濟的直接的暴力固然還在使用，但只是在例外狀態下使用。在一般的情況下，可以由「生產的自然規律」去支配工人，也就是由工人對資本的從屬性去支配，這種從屬性由生產條件本身產生、得到這些條件的保證，並由它們永久維持下去。

——同上

第七章／國家與革命

許多人習慣將馬克思主義與「大國家」、「大政府」甚至專制集權聯想在一起，就像伊格頓（Terry Eagleton）形容的，他們深信「馬克思主義信奉無所不能的國家。在廢除私有財產後，社會主義革命者將會以專制的權力施行治理，而這意味著個體自由的終結……馬克思主義邏輯的一部分，就是人民屈服於政黨，政黨屈服於國家，而國家屈服於一個可怕的獨裁者。」[1] 但實際上，貫穿馬克思思想的一條軸線，恰恰是對國家機器和官僚體制的深刻懷疑與批評，以及徹底的民主主義。

許多研究者都指出，在一八四八年歐洲革命之前，馬克思和恩格斯全心投入及闡釋的共產主義運動是「一種民主主義潮流」，是「民主主義的激進派」。[2]因此，馬克思和恩格斯才會在《共產黨宣言》中說「工人革命的第一步就是使無產階級上升為統治階級，爭得民主」。[3]美國學者尼姆茲（August H. Nimtz）在其研究馬恩民主思想的重要著作中也強調，馬恩之所以認識到政治鬥爭對於工人階級的重要性，主要是受到英國憲章運動的影響。[4]

我們在下一章將指出，馬克思理解的「社會主義」（或馬克思當成同義語使用的「共產主義」），是一個普遍自治、高度民主，「以每一個個人的全面而自由的發展為基本原則」的社會；在經濟上，則是以遍佈社會各層級的「聯合體」（*Assoziation*）（如合作社，以及由各合作社組織而成的協作組織）為運作單位的生產方式。查特帕迪耶（Paresh Chattopadhyay）將這種生產方式稱為「聯合式的生產方式」，[5]我認為相當精要。用馬克思在〈論土地國有化〉（一八七二年）一文中的說法，社會主義就是「由自由平等的生產者的各聯合體所構成的社會。」[6]

顯而易見地，這種社會主義絕對不會是「國家」（機器）的忠誠擁護者，而是要粉碎「國家本身這個社會的超自然怪胎」（馬克思語）。但問題是：既然「國家」不會自動消失，那麼：

一、在挑戰資本主義的過程中，如何看待現有的「國家」？「革命」指的（只）是「奪取政權」嗎？「革命」與社會改革（改良）的關係是什麼？

二、在「革命」後的過渡時期，「國家」將扮演什麼角色？

三、如何設想革命後的（民主）制度安排，以通往社會主義的「自由王國」？

這一章主要就是討論這些問題。在本章的選文中，我刻意突出馬克思批判國家機器、倡議「由下而上」的民主的面向，也選擇了《法蘭西內戰》這份經典文獻的多段文字。馬克思在《法蘭西內戰》中，認為一八七一年曾短暫統治巴黎的「巴黎公社」是「工人階級的政府，是生產者階級和佔有者階級鬥爭的產物，是終於發現的、可以使勞動在經濟上獲得解放的政治形式。」他對巴黎公社歷史及制度的評論，在今天看來仍十分有價值。如果能仔細思考、回顧馬克思的文字，將能幫助我們重新檢討「民主」這個複雜的概念，並評估現有的各種民主思潮及體制，包括中國、前蘇聯等曾經繼受馬克思（主義）遺產的政治制度，並對其提出某種（或某些）更符合馬克思原始思想的詮釋。

注釋

1 Eagleton, Terry，2012，《散步在華爾街的馬克思》，李尚遠譯，台北：商周，頁250。

2 Texier, Jacques，2012，《馬克思恩格斯論革命與民主》，姜志輝譯，北京：社會科學文獻出版社，頁256。

3 Marx, Karl and Friedrich Engels，2014，《共產黨宣言》，中共中央馬克思恩格斯列寧斯大林著作編譯局譯，台北：五南，頁142。

4 Nimtz, August H. 2000. *Marx and Engels: Their Contribution to the Democratic Breakthrough*. Albany, NY: State University of New York Press.

5 Chattopadhyay, Paresh. 2016. *Marx's Associated Mode of Production: A Critique of Marxism*. New York: Palgrave Macmillan.

6 Marx, Karl，2009，〈論土地國有化〉，收於《馬克思恩格斯文集》，第三卷，中共中央馬克思恩格斯列寧斯大林著作編譯局譯，北京：人民出版社，頁230-33: 233。

論民主

在真正的民主制中，政治國家就消失了。……在民主制中，國家制度、法律、國家本身，就國家是政治制度來說，都只是人民的自我規定和人民的特定內容。

——《黑格爾法哲學批判》（手稿）

階級鬥爭與革命

資產階級不僅鍛造了置自身於死地的武器；它還產生了將要運用這種武器的人——現代的工人，即無產者。

——《共產黨宣言》

機器的日益迅速的和繼續不斷的改良，使工人的整個生活地位越來越沒有保障；單個工人和單個資產者的衝突越來越具有兩個階級的衝突的性質。工人開始成立反對資產者的同盟……聯合起來保衛自己的工資……。有些地方，鬥爭爆發為起義。

——《共產黨宣言》

當前與資產階級對立的一切階級中，只有無產階級是真正革命的階級。其餘的階級都隨著大工業的發展而日趨沒落和滅亡，無產階級卻是大工業本身的產物。

——同上

這是不是說，舊社會崩潰後，就會出現一個表現為新政權的新階級支配呢？不是。工人階級解放的條件就是要消滅一切階級；正如第三等級（即資產階級）解放的條件就是消滅一切等級。

——同上

工人沒有祖國。絕不能剝奪他們沒有的東西。因為無產階級首先必須取得政治統治，上升為民族的階級，把自身組織成為民族，所以它本身還是民族的，雖然完全不是資產階級理解的那種意思。

——同上

工人革命的第一步就是使無產階級上升為統治階級，爭得民主。

——同上

勞動權在資產階級的意義上是一種胡說，是一種可憐的善良願望，其實勞動權就是支配資本的權力，而支配資本的權力就是佔有生產資料，使其受聯合起來的工人階級支配，從而消滅雇佣勞動、資本及其相互關係。

——《一八四八年至一八五〇年的法蘭西階級鬥爭》

工人階級的政治運動當然是以奪得政治權力為最終目的，為此當然需要一個發展到一定程度的、在經濟鬥爭中成長起來的工人階級的預先的組織。

——〈馬克思致弗里德里希·波爾特〉（一八七一年十一月二十三日）

只要工人階級在組織上還沒有發展到足以對統治階級的集體權力（即政治權力）進行決定性的攻擊，便必須不斷進行反對統治階級政策的鼓動（並對這種政策採取敵視態度），從而使自己在這方面受到訓練。否則，工人階級仍將是統治階級手中的玩物……。

——同上

改革（改良）與革命

即使不談雇佣勞動制度中包含的一般奴隸狀態，工人階級也不應誇大這種日常鬥爭的最終效果。他們不應忘記：在日常鬥爭中，他們反對的只是結果，而不是產生這種結果的原因……。他們應該要認識到：現代制度給他們帶來一切貧困，同時又造成對社會進行經濟改造所必需的種種物質條件和社會形式。他們應該摒棄「做一天公平的工作，得一天公平的工資！」這種保守的格言，要在自己的旗幟寫上革命的口號：「消滅雇佣勞動制度！」

——〈工資、價格和利潤〉

工會過分傾向於與資本進行局部的、直接的鬥爭，沒有充分意識到自己是反對雇佣奴隸制度本身的一種多麼大的力量。因此它們幾乎完全不過問一般的社會運動和政治運動。……現在它們必須學會作為工人階級的組織中心而自覺地進行活動，把工人階級的徹底解放當成自己的偉大任務。工會應當支持這方面的任何社會運動和政治運動。……工會應該向全世界證明，它們絕不是為了狹隘的利己主義的利益，而是為了千百萬被壓迫者的解放而鬥爭。

——〈臨時中央委員會就若干問題給代表的指示〉

國家與革命

我認為法國革命的下一次嘗試，不應該像以前那樣把官僚軍事機器從一些人的手裡轉到另一些人的手裡，而是應該把它打碎（*zerbrechen*），這正是大陸上任何一次真正的人民革命的先決條件。

——〈馬克思致路・庫格曼〉（一八七一年四月十二日）

這次革命的對象不是哪一種國家政權形式……而是國家本身這個社會的超自然怪胎。這次革命是人民為了自己的利益而重新掌握自己的社會生活的行動。它不是為了把國家政權從統治階級這一集團轉給另一集團而進行的革命，它是為了粉碎這個階級統治的兇惡機器本身而進行的革命。

——《法蘭西內戰》（初稿）

工人階級不能簡單地掌握現成的國家機器，並運用它來達到自己的目的。

——《法蘭西內戰》

「由國家實施國民教育」是完全要不得的。用一般的法律來確定國民學校的經費、教師資格、教學科目等，並且像美國那樣由國家視察員監督這些法律規定的實施，這和指定國家為人民的教育者完全是兩回事！相反，應該把政府和教會對學校的任何影響都排除掉。在普魯士德意志帝國內……倒是需要由人民對國家進行嚴厲的教育。

——《哥達綱領批判》

巴黎公社的啟示

公社的第一個法令就是廢除常備軍而代之以武裝的人民。公社是由巴黎各區經普選選出的市政委員組成的。這些委員對選民負責，隨時可以罷免。……從公社委員起，從上到下的一切公職人員，都只能領取相當於工人工資的報酬。

——《法蘭西內戰》

只要公社制度在巴黎以及次一級的各中心城市確立起來，那麼，在外省，舊的集權政府也就必須讓位給生產者的自治政府。……公社將成為甚至最小村落的政治形式……。仍須留待中央政府履行的為數不多但很重要的職能，則不會像有人故意胡說的那樣加以廢除，而是由公社的、因而是嚴格負責任的勤務員來行使。……要以這樣的方法……消滅以民族統一的體現者自居同時卻脫離民族、凌駕於民族之上的國家政權，這樣的國家政權只不過是民族軀體上的寄生贅瘤。

——同上

公社的真正秘密就在於：它實質上是工人階級的政府，是生產者階級和佔有者階級鬥爭的產物，是終於發現的、可以使勞動在經濟上獲得解放的政治形式。

——同上

革命之後

所有社會主義者都將無政府狀態理解為：在無產階級運動的目的——消滅階級——達到後，為了保持為數極少的剝削者對由生產者組成的社會絕大多數的壓迫而存在的國家政權就會消失，而政府職能會變成簡單的管理職能。

——〈所謂國際內部的分裂〉

自由就在於把國家由一個高踞社會之上的機關變成完全服從這個社會的機關。

——《哥達綱領批判》

「無產階級專政」

唯有它（編按：指無產階級）的失敗，才使它認識這條真理：它連在資產階級共和國範圍內稍微改善一下自己的處境，都只是一種空想……。於是，原先無產階級想要強迫二月共和國予以滿足的那些要求……就由一個大膽的革命戰鬥口號取而代之，這個口號就是：**推翻資產階級！工人階級專政！**

——《一八四八年至一八五〇年的法蘭西階級鬥爭》

無論是發現現代社會中有階級存在，或發現各階級之間的鬥爭，都不是我的功勞。在我之前很久，資產階級歷史學家就已敘述過階級鬥爭的歷史發展，資產階級的經濟學家也已對各個階級做過經濟上的分析。我的新貢獻是證明了下列幾點：一、階級的存在僅僅與生產發展的一定歷史階段相聯繫；二、階級鬥爭必然導致無產階級專政；三、這個專政不過是達到消滅一切階級和進入無階級社會的過渡……。

——〈馬克思致約．魏德邁〉（一八五二年三月五日）

第八章／社會主義與共產主義

第六章的導論提到，中華航空公司的空服員於二〇一六年六月二十三日晚間發起罷工行動，引起社會高度重視。他們的罷工宣言開宗明義揭示：「這是一場休息時間的戰爭」，其中有幾段文字與本章的主旨密切相關：

在這個資本家狂妄發言的時代，有人高喊加班有益身心健康，有人說想放假的人不會有成就。休息，對二十一世紀的台灣受雇者竟是那麼困難，這場罷工，就是一個對於休息時間的鬥爭。

空服員並不貪婪，我們只知道休息是受雇者不被雇主擁有的時刻，是每個工人可以做自己的時刻，是一個真正像人的時刻，而作為空服員的我們只希望像人的時刻，可以更多一點。

現在，台灣正為了縮減工時，國定假日是否維持十九天的爭議，吵得沸沸揚揚，桃園市空服員職業工會願意成為這場戰爭中勞方的先鋒，告訴資本家，告訴國家，台灣必須告別長工時的過勞時代。

我們可以說，馬克思設想的「社會主義」或「共產主義」，就是一個讓所有勞動者都能奪回時間的支配權、活得「真正像人」的社會。馬克思對資本主義運作機制提出了相當細緻的分析，相較下，他對社會主義的論述則較少，系統性也較低。馬克思從不試圖鉅細靡遺地描繪未來社會的樣貌，因為他認為，只有從「人民自己進行的社會運動」中，[1]才能找出問題及解決方式，而不是仰賴某些理論導師精心擘劃的藍圖。儘管如此，我們仍能從他的大量著述中抽絲剝繭，歸納整理出他設想的「社會主義」的輪廓。

首先要指出的是，二十世紀出現了各種自我宣稱為「共產主義」的政權或「社會主義」的國家，而這些政權或國家絕大多數在經濟上出現嚴重的無效率，在政治上又因獨裁高壓而惡名昭彰，其中多數也已在一九九〇年前後的「蘇東波」浪潮中瓦解。正因此，一般人很容易直接根據這些歷史經驗來理解「社會主義」或「共產主義」的意義：一黨專政、獨裁、效率低落、忽視（甚至敵視）個人差異等。然而，這種看法將極為複雜的歷史進程化約為單一扁平的面向，比如說，完全忽略了反史達林主義的馬克思主義者長年來對蘇聯及中共政權的批評，其中許多人甚至因此犧牲了生命；[2]同樣可惜的是，許多人因此將二十世紀所謂「真實存在的社會主義」（really existing socialism）直接等同於馬克思闡述的社會主義。

但十年來，隨著全球資本主義陷入新一波的政治經濟危機，已有越來越多人試圖重新評估、挖掘「馬克思」式的社會主義，也就是「**由下而上**的社會主義」（socialism from below）所具有的人道關懷與解放潛力。[3]如馬克思在〈國際工人協會共同章程〉開宗明義指出的，「工人階級的解放應該由工人階級自己去爭取」，而不是由少數菁英或「知識份子」去「包辦」解放的事業。從馬克思的角度來看，人類解放的關鍵是要在政治、社會、經濟、文化等各領域建立起自我管理的「聯合體」（*Assoziation*），這正是「**由下而上**的社會主義」的精髓。

馬克思對社會主義的看法，不是懷舊的、回到原始社會的、齊頭式平等的主張。他在《一八四四年經濟學哲學手稿》中將這種主張稱為「粗陋的、無思想的共產主義」。他認為，只有建立在資本主義所促成（但也為其設下限制）的高度生產力下，才有可能建立起社會主義。這樣的社會，與人的「自由」或「自由個性」息息相關，是一個「更高級的、以每一個個人的全面而自由的發展為基本原則的社會形式。」[4]《共產黨宣言》便有這樣的名句：「代替那存在著階級和階級對立的資產階級舊社會的，將是這樣一個聯合體，在那裡，每個人的自由發展是一切人的自由發展的條件。」[5]

在十九世紀下半葉，「社會主義」和「共產主義」往往是同義詞，指的是當時正在發展的工人運動。至於馬克思，則通常在兩個意義上使用「共產主義」這個詞：其一，指工人階級的政治運動，而這樣的運動與民主運動緊密扣連在一起；其二，指工人階級透過革命而實現的社會運作模式。我們已在第七章的選文中呈現了第一個意義下的「共產主義」，這一章則將焦點擺在後者，也就是馬克思對未來社會的想像。

本章的選文緊貼著「每個人的自由發展是一切人的自由發展的條件」的精神，節錄了馬克思一生對（社會主義下的）自由、勞動、閒暇時間等問題的討論。這裡值得提一下：我在選文中譯出了一段迄今沒有中譯的重要段落，即馬克思在修改莫斯特（Johann Most）的《資本和勞動：卡爾・馬克思《資本論》淺說》（*Kapital und Arbeit. Ein populärer Auszug aus "Das Kapital" von Marx*）時寫下的一段文字。馬克思在這段文字中明確界定「社會主義」就是「合作式的（*genossenschaftlich*）生產方式」，並強調，在社會主義之下，「人民的自我管理（*Selbstverwaltung*）必須取代他們受到統治的狀況」。這種觀點，開啟了由下而上的、對國家（主義）戒慎恐懼的自我管理式社會主義傳統。

將第六、七、八章綜合起來看，我們將更理解馬克思如何解釋資本主義的運作、從中辨識出超越資本主義的革命力量、這樣的力量可能帶領人類走向何方。

注釋

1 Marx, Karl，2009，〈巴枯寧《國家制度和無政府狀態》一書摘要（摘錄）〉，收於《馬克思恩格斯文集》，第三卷，中共中央馬克思恩格斯列寧斯大林著作編譯局譯，北京：人民出版社，頁403-9：407。

2 可參考我對俄國及中國革命的討論，見萬毓澤，2007，〈「當前的問題即歷史問題」：90年後回顧俄國十月革命〉，《思想》，7期，頁19-53、2014，〈告別戰爭，或告別革命？：評《戰爭與社會：理論、歷史、主體經驗》〉，《台灣社會學》，28期，頁205-214。

3 見如Wolff, Richard D. 2014. "Socialism and Workers' Self-Directed Enterprises," http://mrzine.monthlyreview.org/2014/wolff140914.html

4 Marx, Karl，2004，《資本論》，第一卷，中共中央馬克思恩格斯列寧斯大林著作編譯局譯，北京：人民出版社，頁683。

5 Marx, Karl and Friedrich Engels，2014，《共產黨宣言》，中共中央馬克思恩格斯列寧斯大林著作編譯局譯，台北：五南，頁146。

科學社會主義

「科學社會主義」也只是為了與空想社會主義對立才使用，因為空想社會主義力圖用新的幻想矇騙人民，而不是僅僅運用自己的知識去探討人民自己進行的社會運動……

——〈巴枯寧《國家制度和無政府狀態》一書摘要〉

問題並不在於實現某種空想的體系，而在於要自覺地參加我們眼前發生的改造社會的歷史過程。

——《福格特先生》

共產主義與人的本質

共產主義是私有財產即人的自我異化的積極的揚棄，因而是通過人並且為了人而對人的本質的真正佔有；因此，是人向自身、向社會的（亦即人的）人的復歸。

——《一八四四年經濟學哲學手稿》

共產主義不是「理想」

對我們來說，共產主義不是應該確立的**狀況**，不是現實應該與之適應的**理想**。我們所稱為共產主義的，是那種消滅現存狀況的**現實的**運動。這個運動的條件是由現有的前提產生的。

——《德意志意識形態》

共產主義與共同體

共產主義和所有過去的運動不同的地方在於：它推翻了一切舊的生產關係和交往關係（*Verkehrsverhältnisse*）的基礎，並且破天荒第一次自覺地把一切自然發生的前提視為歷來世世代代的人的創造，並消除這些前提的自然性，使其受聯合起來的個人（*vereinigte Individuen*）的支配。

——《德意志意識形態》

個人力量（關係）由於分工而轉化為物的力量，要消滅這種現象，無法透過從頭腦裡拋開關於這個現象的一般觀念而達成，只能靠個人重新駕馭這些物的力量，靠消滅分工才能做到。沒有共同體（*Gemeinschaft*），這是不可能實現的。只有在共同體中，個人才能獲得全面發展才能的手段，也就是說，只有在共同體中，才可能有個人自由。在過去種種冒充的共同體（如國家等）中，個人自由只是對那些在統治階級範圍內發展的個人來說才存在，他們之所以有個人自由，只是因為他們是這個階級中的個人。從前每個個人聯合而成的那種虛假的共同體，總是相對於每個個人而獨立的；由於這種共同體是一個階級對抗另一個階級的聯合，因此，對受支配的階級來說，它不僅是完全虛幻的共同體，更是新的桎梏。在真實的共同體（*wirkliche Gemeinschaft*）中，每個個人會在自己的聯合（*Assoziation*）之中並透過這種聯合獲得自由。

——同上

自由人的聯合與自我管理

當階級的差別在發展過程中已經消失，而一切生產都集中在聯合起來的個人的手裡（*in den Händen der assoziierten Individuen konzentriert*）的時候，公共權力就會失去其政治特性。……舊的資產階級社會存在著階級和階級對立，而取代這種舊社會的，將是這樣的聯合體（*Assoziation*）：在那裡，每個人的自由發展是所有人的自由發展的先決條件。*

——《共產黨宣言》

設想有一個自由人聯合體，他們用公共的生產資料進行勞動，並且自覺地將眾多的個人勞動力當成一個社會勞動力來使用。……這個聯合體的總產品是一個社會產品，其中一部分重新用作生產資料，這一部分仍然是屬於社會的；另一部分則由聯合體當成生活資料來消費。……在那裡，人們和自己的勞動及勞動產品的社會關係，無論在生產還是在分配上，都是簡單明瞭的。

——《資本論》第一卷

只有當社會生活的過程（也就是物質生產的過程）的形態，成為自由聯合的人的產物，而處於人的有意識、有計畫的控制之下時，它才會把自己的神秘紗幕揭開。

——同上

公社是想要消滅那種將多數人的勞動變為少數人的財富的階級所有制。它是想要剝奪剝奪者。它是想要把現在主要用作奴役和剝削勞動的工具的生產資料，即土地和資本，完全變成自由的和聯合的勞動（free and associated labor）的工具，從而使個人所有制成為現實。……它要去取代資本主義制度……由聯合起來的合作社按照共同的計畫調節全國生產，從而控制全國生產，結束無時不在的無政府狀態和週期性的動盪這類資本主義生產難以逃脫的劫難。

——《法蘭西內戰》

資本主義生產方式實際上是一種過渡形式，這樣的形式必然透過自身的構造而通往一個更高級的、合作式的（*genossenschaftlich*）生產方式，也就是通往社會主義。……人民必須完全掌握政治權力（*im Vollbesitz der politischen Macht*）。……人民的自我管理（*Selbstverwaltung*）必須取代他們受到統治的狀況。

——《資本和勞動》**

自由（時間）與人的解放

在必要勞動時間之外，為整個社會和社會的每個成員創造大量可以自由支配的時間；也就是創造出空間，使個人的生產力（從而包括社會的生產力）得以充分發展。

——《政治經濟學批判大綱》（一八五七—五八年經濟學手稿）

那時，一方面，社會的個人的需要將成為必要勞動時間的尺度，另一方面，社會生產力的發展將如此迅速，以致儘管生產將以所有人的富裕為目的，所有人可以自由支配的時間還是會增加。因為真正的財富就是所有個人的發達的生產力。那時，財富的尺度不再是勞動時間，而是可以自由支配的時間。

——同上

節約勞動時間等於增加自由時間，也就是增加使個人得到充分發展的時間，而個人的充分發展又成為最大的生產力，對勞動生產力發生反作用。……自由時間——不論是閒暇時間或從事更高級活動的時間——自然會把佔有它的人轉化為另一種主體……。

——同上

自由王國只有在必要性和外在目的規定要做的勞動終止的地方才開始；因而按照事物的本性來說，它存在於真正物質生產領域的彼岸。……這個領域內的自由只能是：社會化的人，聯合起來的生產者，將合理地調節他們和自然之間的物質變換，將其置於他們的共同控制之下，而不讓它成為盲目的力量來統治自己；靠消耗最小的力量，在最無愧於和最適合他們的人類本性的條件下來進行這種物質變換。但是，這個領域始終是一個必然王國。在這個必然王國的彼岸，作為目的本身的人類能力的發揮，真正的自由王國，就開始了。但是，這個自由王國只有建立在必然王國的基礎上，才能繁榮起來。工作日的縮短是根本條件。

——《資本論》第三卷

在更高級的共產主義社會中，人們已不再像奴隸一樣地服從分工，腦力勞動和體力勞動的對立也隨之消失；勞動不再只是謀生的手段，還成為了生活的首要需求；隨著個人的全面發展，他們的生產力也隨之提高，而合作性質的財富（*genossenschaftlicher Reichtum*）的一切源泉都更豐沛地湧流——只有在這一切都發生之後，才能完全超越資產階級權利的狹隘眼界，社會才能在自己的旗幟上寫上：各盡所能，各取所需！＊＊＊

——《哥達綱領批判》

如果所有的人都必須勞動，如果過度勞動者和有閒者的對立消滅了——而這一點無論如何只能是資本不再存在，產品不再提供佔有別人剩餘勞動的權利的結果——如果把資本創造的生產力的發展也考慮在內，那麼，社會在六小時內將生產出必要的豐富產品，這六小時生產的將比現在十二小時生產的還多，同時所有的人都會有六小時「可以自由支配的時間」，也就是有真正的財富，這種時間不被直接生產勞動所吸收，而是用於娛樂和休息，從而為自由活動和發展開闢廣闊天地。時間是發展才能等等的廣闊天地。

——《剩餘價值理論》

＊上面這段文字涉及一個重要的翻譯問題：*in den Händen der assoziierten Individuen konzentriert*該怎麼譯？現行的中共中央編譯局譯本譯為「集中在聯合起來的個人手裡」，這是最準確的翻譯，故此處採用之。為什麼說「最準確」？因為連恩格斯本人參與審閱的一八八八年版英譯本都譯得不好，譯成了concentrated in the hands of a vast association of the whole nation。台灣兩個根據英譯本轉譯的中譯本分別譯為「集中於國家所屬的大型公會之手」。（《共產黨宣言》，唐諾譯，台北：城邦文化）和「集中於國家掌握的大型計畫經濟委員會之手」（《共產黨宣言》，麥田編輯室譯，台北：麥田）

這類翻譯，容易讓讀者以為共產主義或社會主義就是「國家主義」，把一切權力集中在國家機關手中。

《共產黨宣言》有幾處確實表達了這樣的意思，但那多半是用來挑戰既有社會體制的具體政治訴求（馬克思後來將之稱為一種**「過渡措施」**，見〈馬克思致弗里德里希·阿道夫·左爾格〉（一八八一年六月二十日）），而不是對於未來社會運作樣態的想像。這一段文字，則是在談「當階級差別在發展進程中已經消失」的未來社會，自然不是在提什麼綱領、訴求。德文原文明白地寫「集中在聯合起來的個人的手裡」，強調的是「聯合起來的個人」，而不是某種行政機關、委員會，更不是「計畫經濟」的委員會。這是一段非常強調「自由人的聯合」的表述。

因此，英譯的a vast association of the whole nation是不理想的翻譯；中譯的「國家所屬的大型公會」或「國家掌握的大型計畫經濟委員會」則純屬錯譯。

**此書作者為莫斯特，原為書籍裝訂工，一八七一年加入德國社會民主黨，一八七三年出版小冊子《資本和勞動：卡爾·馬克思《資本論》淺說》（*Kapital und Arbeit. Ein populärer Auszug aus "Das Kapital" von Marx*）。一八七五年八月初，馬克思對莫斯特的小冊子做了審訂和修改，一八七六年四月出版第二版。這本經馬克思編輯修訂的著作，收於《馬克思恩格斯全集》歷史考證版第二版（MEGA II）第二部分第八卷（中譯見Most, Johann，2014，《資本和勞動：卡爾·馬克思《資本論》淺說》，收於鄭錦編，《馬克思主義研究資料·第8卷：《資本論》版本及傳播研究》，北京：中央編譯出版社，頁689-749）。我引述的這段話是馬克思修訂過的文字。但請注意，這段話出現在該書的〈結束語〉（*Schlußbetrachtungen*），但不知何故，現有的中譯並未包含這段重要的文字。

***「合作性質的財富」這個詞，原文是*genossenschaftlicher Reichtum*，中共中央編譯局將其譯為「集體財富」。但*genossenschaftlich*這個形容詞來自*Genossenschaft*

（合作社），意思是「合作的」、「合作性質的」。如果是「集體財富」，可能會寫成*kollektiver Reichtum* 或 *gesammelter Reichtum*，故此處改譯為「合作性質的財富」。

附錄／馬克思重要事件

馬克思家庭

父親：海因里希·馬克思（Heinrich Marx，1777–1838，律師）

母親：亨麗埃塔·普萊斯堡（Henrietta Pressburg，1788–1863年）

兄弟姐妹：馬克思排行老大，依序有蘇菲（Sophie）、赫爾曼（Hermann）、亨列特（Henriette）、路易斯（Louise）、艾米莉（Emilie）和卡羅琳（Karoline）

妻子：燕妮·馮·威斯伐倫（Johanna Jenny Bertha Julie von Westphalen，1814–81年）

子女：小燕妮（Jenny Caroline Marx，1844–83年）、蘿拉（Laura Marx，1845–1911年）、埃德加（Edgar Marx，1847–55年）、海因里希·吉多（Heinrich Guido Marx，1849–50年）、法蘭西絲卡（Franziska Marx，1851–52年）以及愛琳娜（Eleanor Marx，1855–98年）

馬克思年表

1818年5月5日，出生在普魯士王國下萊茵省的小鎮特里爾（Trier）。

1824年8月，接受了信義宗的洗禮。

1830年，進入特里爾中學就讀。

1835年，入波昂大學，隔年10月轉到柏林大學。

1836年，和燕妮・馮・威斯伐倫訂婚，1843年6月19日結婚。

1837年，加入了主要探討黑格爾思想的學生團體「博士俱樂部」（Doktorklub），成員即後來著名的「青年黑格爾派」。

1838年5月，父親逝世。

1841年4月，以博士論文《德謨克利特的自然哲學和伊壁鳩魯的自然哲學之區別》由耶拿大學授予哲學博士學位。

1842年，成為激進派報紙《萊茵報》的主編，11月結識恩格斯。

1843年，完成〈《黑格爾法哲學批判》導言〉、《論猶太人問題》。

1844年2月，在巴黎與Arnold Ruge合辦《德法年鑒》，以德文出版一、二期合刊，遭普魯士政府通緝。

1844年4月至8月，在巴黎撰寫經濟學與哲學方面的手稿，手稿全文直到1932年才首次發表，出版者將標題訂為《一八四四年經濟學哲學手稿》。

1844年8月，再度與恩格斯見面，展開長期合作。

1844年春，撰寫〈關於費爾巴哈的提綱〉，11月與恩格斯共同撰寫《神聖家族》。

1845-46年，與恩格斯合著《德意志意識形態》，但直到1932年才出版。

1847年，成立共產主義者同盟（Bund der Kommunisten），與恩格斯為其起草綱領宣言，即1848年出版之《共產黨宣言》。

1847年，出版《哲學的貧困》。

1848年，6月創辦《新萊茵報》。

1849年5月16日，接到普魯士政府的驅逐令而被勒令離開普魯士，5月19日《新萊茵報》最後一號出版。

1849年8月，馬克思一家被法國政府驅逐流亡至英國倫敦，在此度過餘生。

1852年，以1848年法國二月革命為基礎撰寫了《路易・波拿巴的霧月十八日》。

1852年8月21日，在深受美國工人支持的《紐約每日論壇報》發表其第一篇介紹英國議會選舉的文章。

1857年，美國爆發經濟危機，開始寫作《政治經濟學批判大綱》（一八五七—五八年經濟學手稿），於1939年出版。

1859年6月，出版《政治經濟學批判》第一分冊（後改變寫作計畫，改為出版《資本論》）。

1864年9月，應邀出席在倫敦舉行的國際工人協會（第一國際）成立大會，當選為協會臨時委員會委員，起草了協會的成立宣言和臨時章程。

1865年，發表〈工資、價格和利潤〉的演說。

1867年9月14日，《資本論》第一卷出版。

1871年，《法蘭西內戰》出版。

1872年9月，和恩格斯在海牙參加國際工人協會代表大會，大會決定把建立工人階級獨立政黨的決議寫進國際的章程。

1875年，撰寫《哥達綱領批判》，批判德國工運中的「拉薩爾主義」。

1877年初至8月，為恩格斯的《反杜林論》撰寫第二編第十章。

1880年5月，與恩格斯在倫敦和拉法格等人制定法國工人黨綱領，起草綱領的理論性導言。

1881年12月，妻子燕妮逝世。

1883年3月14日，於倫敦寓所逝世。

1885年，《資本論》第二卷由恩格斯編輯整理出版。

1894年，《資本論》第三卷由恩格斯編輯整理出版。

你不知道的馬克思

精選原典，理解資本主義，尋找改造社會的動力

作　　者	萬毓澤
執 行 長	陳蕙慧
總 編 輯	陳郁馨
主　　編	劉偉嘉
排　　版	謝宜欣
校　　對	魏秋綢
封　　面	萬勝安
社　　長	郭重興
發行人兼出版總監	曾大福
出　　版	木馬文化事業股份有限公司
發　　行	遠足文化事業股份有限公司
地　　址	231 新北市新店區民權路108之4號8樓
電　　話	02-22181417
傳　　真	02-22181009
Email	service@bookrep.com.tw
郵撥帳號	19588272 木馬文化事業股份有限公司
客服專線	0800221029
法律顧問	華陽國際專利商標事務所　蘇文生律師
印　　刷	成陽印刷股份有限公司
初　　版	2018年2月
定　　價	280元
ISBN	978-986-359-495-6

歡迎團體訂購，另有優惠，請洽業務部 (02)22181-1417分機1124、1135

國家圖書館出版品預行編目 (CIP) 資料

你不知道的馬克思：精選原典，理解資本主義，尋找改造社會的動力／萬毓澤著. -- 初版. -- 新北市：木馬文化出版：遠足文化發行, 2018.02
面；　公分. --（木馬人文；48）
ISBN　978-986-359-495-6（平裝）
1. 馬克思（Marx, Karl, 1818-1883）2. 學術思想　3. 馬克斯主義

549.3　　106025059